R과 Python의 활용

데이터과학을 위한 확률·통계

허명회 지음

자유아카데미

머리말

이 책은 2023년 봄 학기와 2024년 봄 학기에 고려대학교 데이터과학원에서 "데이터과학을 위한 확률 · 통계"을 강의하면서 남겨진 기록이다. 데이터 과학에 진입하려는, 또는 본인의 전공과 데이터 과학을 융합하려는, 통계학 외 다양한 전공의 석사과정 학생들이 대상이었다.

교재는 뉴욕 대학교(NYU) 데이터 사이언스 센터 Carlos Fernandez-Granda 교수의 Probability and Statistics for Data Science였는데 내가 맡은 교과목과 같은 제목이었던 점이 좋았고 교과 수준의 결정에도 참고가 되었다. 게다가 오픈소스였다. 그러나 나의 강의 스타일과 맞지 않는 점이 있어 이 책을 펴내는 계기가 되었다. 내 스타일은 구체적인 예의 제시와 코딩으로 확인하기!

수학과 컴퓨팅이 데이터 과학에서 중요한 두 요소라는 것이 나의 소신이다. 그렇지만 고급 수학을 전제하지 않는다. 낮은 수준에서부터도 수학적으로 접근하는 태도가 데이터 과학을 학습하고 전개함에 있어 중요하다.

컴퓨팅도 수학 못지않게 중요하다. 사용자 코딩을 해봐야 자신의 이해가 확실한지를 알 수 있다. 이 책에서는 대부분 예제에서 R과 Python을 활용하였다. 사용된 코드들은 출판사(자유아카데미) 홈페이지 http://www.freeaca.com에서 내려받을 수 있다.

인공지능의 시대에서는 인간의 정체성을 기계와 차별화해야 하므로 '탐구적 학습'이 더욱 중요하다. 부록 B에 탐구문제의 보기들을 제시하였으니 인내심을 갖고 읽어내길 바란다. 이런 것을 스스로 학습의 목표로 설정하는 것이 어떨까? 부록 A에 연습문제 풀이를 제시하였다.

데이터 과학의 시대이다. 현재 전공에 관계없이, 현재 학부과정에 있든 석사과정에 있든, 데이터 과학에 진입하려는 여러 젊은이들을 환영한다.

허 명 회, 2024년 6월

고려대학교 데이터과학원

차례

1장. 확률의 기초

꼭 같이 생긴 동전 1과 동전 2를 던져 어떤 결과가 출현하는지 본다고 하자. 뒷면을 T, 앞면을 H로 표기하면, 출현 결과는 (T, T), (T, H), (H, T), (H, H) 중 하나일 것이다. 이런 우연사건(random event)에 대하여 '확률공간'을 정의한다.

확률공간(probability space): 정의

확률공간은 $(\Omega, \boldsymbol{F}, \mathrm{P})$로 구성된다. 여기서 표본공간(sample space) Ω는 모든 출현(all outcomes)의 집합이고, 집합 $\boldsymbol{F}$는 사건들의 sigma-algebra이며, 확률측도(probability measure) P는 $\boldsymbol{F}$내 사건들 각각에 확률 값을 부여한다.

시그마 대수 sigma algebra $\boldsymbol{F}$는 다음 세 조건을 만족한다 (정의).

1) $S \in \boldsymbol{F}$이면 $S^c \in \boldsymbol{F}$.

2) $S_1 \in \boldsymbol{F}$, $S_2 \in \boldsymbol{F}$이면 $S_1 \bigcup S_2 \in \boldsymbol{F}$.

   $S_i \in \boldsymbol{F}$ $(i = 1, 2, \cdots)$에 대하여 $\bigcup_{i=1}^{\infty} S_i \in \boldsymbol{F}$.

3) $\Omega \in \boldsymbol{F}$.

앞의 2개 동전 예에서, Ω는 가능한 모든 출현 사건들의 집합이다. 즉,

$$\Omega = \{(T, T), (T, H), (H, T), (H, H)\}$$

이다. $\boldsymbol{F}$는 확률부여가 의미가 있을 사건들의 집합이다. Ω가 $n(= 1, 2, 3, \cdots)$개의 '기본' 사건을 원소를 갖는 경우, $\boldsymbol{F}$는 2^n개 '복합' 사건들의 집합이다.

2개 동전 예에서 $\boldsymbol{F}$는 다음 사건들을 포함한다 (원소는 모두 16개).

$$\phi, \{(T, T)\}, \{(T, H)\}, \{(H, T)\}, \{(H, H)\},$$
$$\{(T, T), (H, H)\}, \cdots, \{(T, T), (T, H), (H, T), (H, H)\}.$$

$\boldsymbol{F}$는 확률부여가 의미가 있을 모든 사건들을 포함해야 한다. 즉 $S_1 \in \boldsymbol{F}$, $S_2 \in \boldsymbol{F}$일 때, "S_1 또는 S_2"를 지칭하는 $S_1 \bigcup S_2$ 등이 $\boldsymbol{F}$에 포함되어야 한다.

확률측도 P는 $\boldsymbol{F}$에서 정의되는 실수 값 함수로서 세 조건을 만족 한다 (정의).

1) $S \in \boldsymbol{F}$에 대한 함수 값 $\mathrm{P}(S)$는 비음(nonnegative)이다.

2) $S_1 \in \boldsymbol{F}$과 $S_2 \in \boldsymbol{F}$가 겹치지 않으면(disjoint) $\mathrm{P}(S_1 \bigcup S_2) = \mathrm{P}(S_1) + \mathrm{P}(S_2)$.
또한 $S_1, S_2, \cdots$ 에 겹침이 없으면 $\mathrm{P}(\bigcup_{i=1}^{\infty} S_i) = \sum_{i=1}^{\infty} \mathrm{P}(S_i)$.

3) $\mathrm{P}(\Omega) = 1$.

이에 따라 $\mathrm{P}(S^c) = 1 - \mathrm{P}(S)$이다. 왜냐하면 S와 S^c는 겹침이 없고 $S \bigcup S^c = \Omega$이며 $\mathrm{P}(\Omega) = 1$이기 때문이다. $\mathrm{P}(S^c) \geq 0$이므로 $\mathrm{P}(S) \leq 1$이다 (정리).

앞의 2개 동전 예에서 동전 앞면의 확률이 θ라면, 독립적인 2개 동전이 같은 면을 보이는 사건 $\{(T, T), (H, H)\}$에 대한 확률은

$$\mathrm{P}\{(T, T), (H, H)\} = (1-\theta)^2 + \theta^2 \geq 0.5$$

이다 (등호는 $\theta = 0.5$일 때 성립한다). 지금까지는 맛보기였다. 다음 예는 실제 흥미롭다.

예 1. 단위구간 $(0, 1)$에서 임의의 한 점을 찍기

$(0, 1)$ 내 임의의 한 점을 ω라고 하자. 표본공간 Ω는 모든 ω를 품어야 하므로 $\Omega = (0, 1)$이다. 문제는 sigma algebra $\boldsymbol{F}$를 어떻게 구성해야 하느냐에 있다. Ω의 집합적 크기가 엄청나므로(uncountable) 그것의 power set 2^{Ω}를 $\boldsymbol{F}$로 하는 것이 무리이다.

가능한 한 방안은 $\boldsymbol{F}$를 열린 구간 open interval로부터 형성되는 가장 작은 sigma algebra (:=Borel set)으로 하는 것이다. 즉, $(0, 1)$의 sub-interval (a, b)들을 포함하는 sigma algebra를 $\boldsymbol{F}$로 하자는 것이다. $\boldsymbol{F}$는 (a, b)뿐만 아니라 $(a, b]$, $[a, b)$, $[a, b]$를 포함한다. $0 \leq a < b \leq 1$일 때, 이런 구간들에 대한 확률측도 P는 $b-a$이다. $\boldsymbol{F}$는 이런 구간들의 countable union으로 구성된다. $\boldsymbol{F}$의 모든 원소(element)에 확률 값이 부여된다.

칸토르 집합 Cantor set C는 $(0, 1)$을 3등분하여 가운데 것을 제거하는 작업을 무한 반복하여 얻어지는 '프랙털'이다. <그림 1>을 참조하라.

<그림 1> 칸토르 집합의 시각화 (Wikipedia): 위에서 아래로

칸토르 집합에 얼마만큼의 확률을 부여하는 것이 맞을까? A_n을 단계 n에서 제거되는 부분이라고 하자. 즉

$$A_1 = (\frac{1}{3}, \frac{2}{3}),\ A_2 = (\frac{1}{9}, \frac{2}{9}) \bigcup (\frac{7}{9}, \frac{8}{9}),\ \cdots$$

이다. $A_1, A_2, \cdots$ 는 겹치지 않는다 (disjoint). 그리고

$$P(A_n) = \left(\frac{2}{3}\right)^{n-1} \frac{1}{3}$$

이다. 따라서

$$P(\bigcup_{n=1}^{\infty} A_n) = \sum_{n=1}^{\infty} \left(\frac{2}{3}\right)^{n-1} \frac{1}{3} = 1$$

이다. C는 $\bigcup_{n=1}^{\infty} A_n$의 complement이므로 $\mathrm{P}(C) = 0$이다. 다시 말하여 칸토르 집합 C는 거의 비어있다.

조건부 확률: $A \in F, S \in F$에 대하여, $\mathrm{P}(S) > 0$일 때 S에 조건화된 A의 확률 $\mathrm{P}(A \mid S)$은 다음으로 정의된다.

$$\mathrm{P}(A \mid S) = \frac{\mathrm{P}(A \cap S)}{\mathrm{P}(S)}.$$

동전 앞면의 확률이 θ인 2개 동전 예에서 2개 동전이 같은 면을 보였다는 조건 (정보) 하에서 그것이 (H, H)일 확률은

$$\mathrm{P}\{(H,H)\} \mid \{(T,T),(H,H)\} = \frac{\theta^2}{(1-\theta)^2 + \theta^2}$$

이다. $\theta = 0.51$일 때, 이 조건부 확률은 0.52이다.

연쇄법칙(chain rule):

1) $\mathrm{P}(A \cap S) = \mathrm{P}(S)\mathrm{P}(A \mid S)$.

2) $\mathrm{P}(\cap_{i=1}^{n} S_i) = \mathrm{P}(S_1)\mathrm{P}(S_2 \mid S_1) \cdots \mathrm{P}(S_n \mid \cap_{i=1}^{n-1} S_i)$.

증명. 1)은 조건부 확률의 정의에 의해, 2)는 수학적 귀납법에 의해 성립한다.

全확률의 법칙(law of total probability):

$A, A_2, \cdots, A_n$가 Ω의 partition일 때

$$\mathrm{P}(S) = \sum_{i=1}^{n} \mathrm{P}(S \cap A_i) = \sum_{i=1}^{n} \mathrm{P}(A_i)\mathrm{P}(S \mid A_i).$$

증명. $S \cap A_1, \cdots, S \cap A_n$은 disjoint하다. S는 $S \cap A_1, \cdots, S \cap A_n$의 union.

따라서 $\mathrm{P}(S) = \sum_{i=1}^{n} \mathrm{P}(S \cap A_i)$. 그런데 $\mathrm{P}(S \cap A_i) = \mathrm{P}(A_i)\mathrm{P}(S \mid A_i)$.

예 2 [생일문제]. n명의 생일이 하나도 겹치지 않을 확률 p_n은? (1년은 365일)

풀이. S_n을 n번째 사람의 생일이 이전의 $n-1$ 사람들의 생일과 다를 사건, $p_n = \mathrm{P}(S_n)$이라고 하자. 그러면

$$p_n = \mathrm{P}(S_1)\mathrm{P}(S_2 \mid S_1) \cdots \mathrm{P}(S_n \mid \cap_{i=1}^{n-1} S_i)$$
$$= \frac{365}{365} \cdot \frac{(365-1)}{365} \cdots \frac{365-(n-1)}{365}, \text{ for } n \leq 365.$$
$$p_n = 0, \quad \text{for } n > 365.$$

- 수치 예. $n = 23$명에 대한 확률 $p_{23} = \mathrm{P}(S_{23})$은 0.4927이다.

R 코딩:

```
# Birthday problem
p <- 1
n <- 23
for (i in 2:n) p <- p * (365-(i-1))/365
round(p, 4)
## [1] 0.4927
```

Python 코딩:

```
# Birthday problem
p = 1
n = 23
for i in range(2, n+1):
    p = p * (365-(i-1))/365
print(round(p, 4))
## 0.4927
```

예 3 [영장발부]. 형사사건이 2명 영장전담 판사 A와 B 중 1명에 임의 배당 된다고 하자 (판사 A에 배당될 확률은 0.6, 판사 B에 배당될 확률은 0.4). 판사 A는 0.6의 확률로 영장 발부, 판사 B는 0.8의 확률로 영장 발부한다고 할 때 피의자에 영장이 발부될 확률은?

풀이. E를 영장 발부라고 하자. 전 확률의 법칙에 의해

$$\mathrm{P}(E) = \mathrm{P}(A)\,\mathrm{P}(E \mid A) + \mathrm{P}(B)\,\mathrm{P}(E \mid B) = 0.6 \cdot 0.6 + 0.4 \cdot 0.8,$$

답은 0.68 이다.

독립사건의 확률

A와 B가 독립이면 $\mathrm{P}(A \mid B) = \mathrm{P}(A)$. <- 이것은 정의. (1)

A와 B가 독립이면 $\mathrm{P}(A \cap B) = \mathrm{P}(A)\,\mathrm{P}(B)$. <- 이것은 정리 (성질). (2)

- (2)를 정의로 하면 (1)이 성질이 된다.

A와 B가 독립이면 $\mathrm{P}(A \cap B^c) = \mathrm{P}(A)\,\mathrm{P}(B^c)$, 즉 A와 B^c도 독립이다.

증명. $\mathrm{P}(A \cap B^c) = \mathrm{P}(A) - \mathrm{P}(A \cap B)$

$$= \mathrm{P}(A) - \mathrm{P}(A)\,\mathrm{P}(B) = \mathrm{P}(A)\,(1 - \mathrm{P}(B)) = \mathrm{P}(A)\mathrm{P}(B^c).$$

3개 사건 A, B, C의 독립:

A, B, C가 독립 $\Leftrightarrow$ $\mathrm{P}(A \cap B \cap C) = \mathrm{P}(A)\,\mathrm{P}(B)\mathrm{P}(C)$ and

$$\mathrm{P}(A \cap B) = \mathrm{P}(A)\,\mathrm{P}(B),\ \mathrm{P}(A \cap C) = \mathrm{P}(A)\,\mathrm{P}(C),\ \mathrm{P}(B \cap C) = \mathrm{P}(B)\,\mathrm{P}(C).$$

3개 사건 A, B, C이 쌍별 독립(pairwise independent), 즉

$$\mathrm{P}(A \cap B) = \mathrm{P}(A)\,\mathrm{P}(B),\ \mathrm{P}(A \cap C) = \mathrm{P}(A)\,\mathrm{P}(C),\ \mathrm{P}(B \cap C) = \mathrm{P}(B)\,\mathrm{P}(C)$$

이라고 해도 꼭 $\mathrm{P}(A \cap B \cap C) = \mathrm{P}(A)\,\mathrm{P}(B)\mathrm{P}(C)$이지는 않다. 반례가 있다. <그림 2>의 [1]을 보라.

3개 사건 A, B, C의 교집합에 대한 확률 $\mathrm{P}(A \cap B \cap C)$가 $\mathrm{P}(A)\,\mathrm{P}(B)\mathrm{P}(C)$이더라도 쌍별 독립이 아닐 수 있다. 반례가 있다. <그림 2>의 [2]를 보라.

그런 이유로 3개 사건 A, B, C의 독립을 위한 필요충분조건으로

$$\mathrm{P}(A \cap B \cap C) = \mathrm{P}(A)\,\mathrm{P}(B)\mathrm{P}(C)$$

외에 쌍별 독립성

$$\mathrm{P}(A \cap B) = \mathrm{P}(A)\,\mathrm{P}(B),\ \mathrm{P}(A \cap C) = \mathrm{P}(A)\,\mathrm{P}(C),\ \mathrm{P}(B \cap C) = \mathrm{P}(B)\,\mathrm{P}(C)$$

이 요구된다.

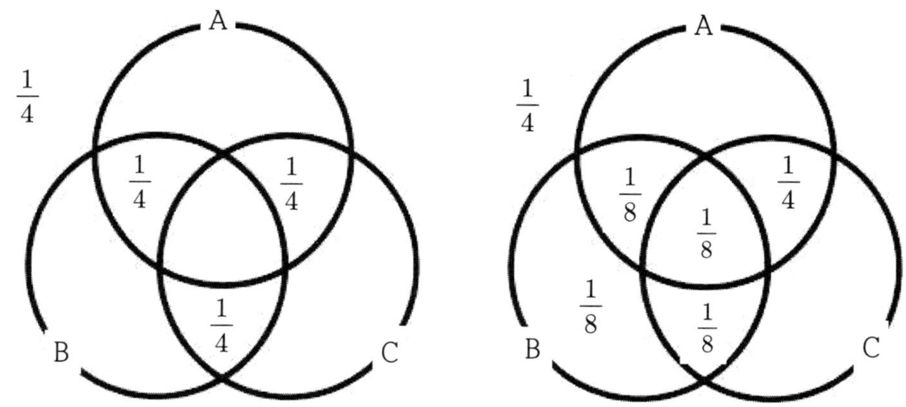

[1] $\mathrm{P}(A \cap B \cap C) \neq \mathrm{P}(A)\,\mathrm{P}(B)\mathrm{P}(C)$ [2] $\mathrm{P}(A \cap C) \neq \mathrm{P}(A)\,\mathrm{P}(C)$

<그림 2> 세 사건 A, B, C의 벤 다이어그램

베이즈 공식 Bayes' formula: $A_1, A_2, \cdots, A_k$를 Ω의 분할이라고 하자. 즉

$$\bigcup_{j=1}^{k} A_j = \Omega, \ A_{j_1} \cap A_{j_2} = \phi \text{ for } j_1 \neq j_2.$$

그리고 각 A_j에 확률 $P(A_j)$가 부여되어 있다고 하자. 이어서 E가 발생하였고 A_j별로 E에 대한 확률 $P(E \mid A_j)$가 파악되었다고 하자. 그러면 $P(A_j \mid E)$, $j=1, \cdots, k$가 다음과 같이 산출된다.

$$P(A_j \mid E) = \frac{P(A_j)P(E \mid A_j)}{\sum_{j=1}^{k} P(A_j)P(E \mid A_j)}, \quad j=1, \cdots, k.$$

증명. $P(A_j \mid E) = \dfrac{P(A_j \cap E)}{P(E)} = \dfrac{P(A_j \cap E)}{\sum_{j=1}^{k} P(A_j \cap E)} = \dfrac{P(A_j)P(E \mid A_j)}{\sum_{j=1}^{k} P(A_j)P(E \mid A_j)}$.

'원인' A_j에 부여된 확률 $P(A_j)$를 선(先, prior; 事前) 확률, '사건' E에 조건화된 A_j에 대한 확률 $P(A_j \mid E)$를 후(後, posterior; 事後) 확률이라고 한다.

예 4. [형사재판] 기소된 피의자의 결백을 A, 결백 아님을 A^c로 표기하자. 무죄 판결을 E, 유죄 판결을 E^c로 표기하자. A의 확률을 0.25, A^c의 확률을 0.75라고 할 때, 무죄 판결을 받은 피의자가 결백하였을 확률 $P(A \mid E)$와 유죄 판결을 받은 피의자가 결백하지 않았을 확률 $P(A^c \mid E^c)$를 구해보자.

베이즈 공식을 적용하려면 $P(E \mid A)$와 $P(E^c \mid A^c)$가 필요하다. 여기서는 이들 확률이 0.8임을 가정한다 (판사의 오류율을 각 경우에서 0.2이다).

풀이. 베이즈 공식에 의하여

$$\begin{aligned} P(A \mid E) &= \frac{P(A)P(E \mid A)}{P(A)P(E \mid A) + P(A^c)P(E \mid A^c)} \\ &= \frac{0.25 \cdot 0.8}{0.25 \cdot 0.8 + 0.75 \cdot 0.2} = \frac{0.2}{0.2+0.15} = \frac{4}{7} \ (=0.571). \end{aligned}$$

$$\begin{aligned} P(A^c \mid E^c) &= \frac{P(A^c)P(E^c \mid A^c)}{P(A^c)P(E^c \mid A^c) + P(A^c)P(E^c \mid A^c)} \\ &= \frac{0.75 \cdot 0.8}{0.75 \cdot 0.8 + 0.25 \cdot 0.2} = \frac{0.60}{0.60+0.05} = \frac{12}{13} \ (=0.923). \end{aligned}$$

$$\therefore \quad P(A \mid E) = 0.571 > P(A) = 0.25\,,$$
$$P(A^c \mid E^c) = 0.923 > P(A^c) = 0.75\,.$$

무죄 판결을 받은 피의자가 결백하였을 확률은 판결 전에 비해 높아졌다. 또한 유죄 판결을 받은 피의자가 결백하지 않았을 확률도 판결 전에 비해 높아졌다. 이런 것이 판사가 기여한 부분이다.

예 5. 발열 증세를 E로 표기하자. 발열 원인은 A_1, A_2, A_3, A_4 (피로, 감기, $\cdots$) 중 하나이고 이들의 확률은 $0.4, 0.3, 0.2, 0.1$이다. 그런데 A_1, A_2, A_3, A_4가 원인일 때 발열 증세가 나타날 확률이 각각 $0.2, 0.4, 0.6, 0.8$이라고 하자. 발열 증세 E가 나타난 환자에서, 그 원인들에 확률을 부여하라.

풀이. 베이즈 공식에 의하여

$$P(A_1 \mid E) = \frac{P(A_1)\,P(E \mid A_1)}{\sum_{j=1}^{k} P(A_j)\,P(E \mid A_j)}$$
$$= \frac{0.4 \cdot 0.2}{0.4 \cdot 0.2 + 0.3 \cdot 0.4 + 0.2 \cdot 0.6 + 0.1 \cdot 0.8} = \frac{8}{40}\,.$$

이런 식으로

$$P(A_2 \mid E) = \frac{12}{40},\; P(A_3 \mid E) = \frac{12}{40},\; P(A_4 \mid E) = \frac{8}{40}\,.$$

예 6. 여기에 동전이 1개 있다. 이 동전을 던져 앞면이 나올 확률 θ에 대하여 다음 선 확률(prior)이 설정되었다고 하자.

$$\pi(\theta) \propto 0.1, 0.2, 0.3, 0.4, 0.5, 0.4, 0.3, 0.2, 0.1, \text{ for } \theta = 0.1, 0.2, \cdots, 0.9.$$

이 동전을 2번 던져 모두 앞면이 나왔다고 하자. θ의 확률분포를 업데이트하라. θ의 어느 값에서 후 확률(posterior)이 가장 큰가?

풀이. 동전 2개가 모두 앞면일 사건을 E로 표기하자. 그러면, $\theta_k = \dfrac{k}{10}$에 대한 후 확률은, 베이즈 공식에 의하여

$$P(\theta_k \mid E) = \frac{P(\theta_k)\,P(E \mid \theta_k)}{\sum_{k=1}^{9} P(\theta_k)\,P(E \mid \theta_k)} = \frac{P(\theta_k)\,\theta_k^2}{\sum_{k=1}^{9} P(\theta_k)\,\theta_k^2}\,.$$

$k = 1, 2, \cdots, 9$에 대하여 $P(\theta_k \mid E)$를 계산하면 답은

$$0.0014, 0.0110, 0.0372, 0.0883, 0.1724, 0.1986, 0.2028, 0.1766, 0.1117.$$

$\theta = 0.7$의 후 확률이 가장 크다 (아래 스크립트 참조).

R 코딩:

```
# Bayes probability
theta = (1:9)/10
prior <- pmin(1:9, 9:1)/25
posterior <- prior*theta^2 / sum(prior*theta^2)
round(posterior, 4)
barplot(posterior, names.arg=theta, xlab="theta", ylab="prob")
```

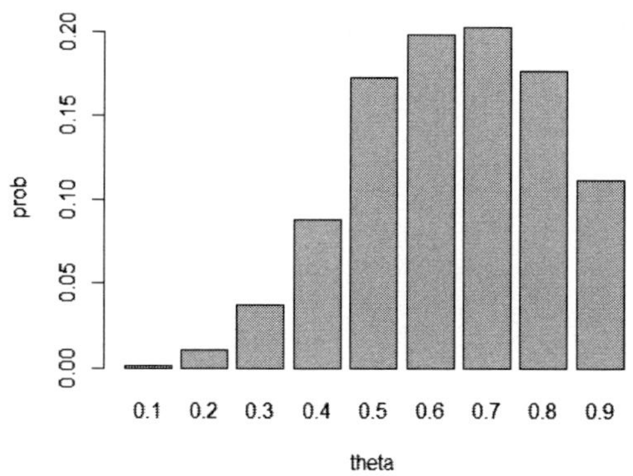

Python 코딩:

```
# Bayes probability
import numpy as np
import matplotlib.pyplot as plt
theta = np.arange(1, 10) / 25
prior = np.minimum(np.arange(1, 10), np.arange(9, 0, -1)) / 25.0
posterior = prior * theta**2 / np.sum(prior * theta**2)
posterior_rounded = np.round(posterior, 4)
posterior_rounded
## [0.0014, 0.011 , 0.0372, 0.0883, 0.1724, 0.1986, 0.2028,
##  0.1766, 0.1117]
```

연습문제

1. n명이 참석한 파티에서 n개의 경품이 준비되어 있다. 경품은 n회에 걸쳐 매번 독립적으로 1명을 임의 추첨하는 방식으로 배정된다. 따라서 한 명이 여러 개의 경품을 받을 수 있고 어떤 사람은 한 개의 경품도 받지 못할 수 있다. $n = 10$일 때, 이 파티의 특정 참석자 A가 한 개의 경품도 받지 못할 확률을 구하라. $n = 100, 1000, 10000$일 때 그 확률은 어떠한가?

2. 보균자의 경우 검사결과가 양성일 확률이 0.9, 보균자가 아닌 경우 검사결과가 음성일 확률이 0.9라고 하자. A를 검사하였더니 결과가 양성이었다고 하자. 그럼에도 불구하고 그가 보균자일 확률이 0.5 이하일 수 있는가?

2장. 확률변수

이 장에서는 확률변수를 정의하고 몇 개의 확률분포를 소개한다. 예컨대 이산형 중에선 베르누이 분포, 연속형 중에선 균일분포 등이다.

확률변수(random variable): 정의

확률공간 (Ω, F, P)에서 확률변수 X는 표본공간 Ω에서 실수집합 R로 가는 함수이다. 즉 관측 값 $X(\omega)$는 실수이다 (여기서 $\omega \in \Omega$).

예 1. 동전 던지기(coin tossing)에서 '앞면'이면 $X=1$, '뒷면'이면 $X=0$이다.

예 2. 구간 $(0,1)$에서 임의의 한 점 ω을 찍어 좌표를 x라고 하자: $X(\omega) := x$.

X의 공역(codomain)에서 확률이 정의되기 위해서는 확률변수의 정의를 엄밀히 할 필요가 있다. X의 공역 위에 Borel sigma algebra B가 있어 $S \in B$에 대하여 (예컨대 $S=(-\infty, x]$, 또는 (x, ∞)에 대하여)

$$X^{-1}(S) = \{\, \omega : X(\omega) \in S \,\} \tag{1}$$

가 F의 element여서 (1)에 대한 확률이 얻어진다는 것이다. 이에 따라 앞으로는 다음 확률 표현을 자주 쓸 것이다.

$$\mathrm{P}\{X \leq x\}, \quad \mathrm{P}\{X > x\}.$$

이산형(discrete) **확률변수**는 유한 집합(subset), 또는 가산적 무한(可算的 無限, countably infinite) 집합에서 실현 값을 취하는 확률변수이다 (정의). 이산형 확률변수 X에 대하여는 확률질량함수(probability mass function, pmf) $p_X(x)$를 다음과 같이 정의하여 활용한다.

$$p_X(x) := \mathrm{P}(\{\omega : X(\omega) = x\}).$$

예 1 [계속]. '앞면' $(X=1)$의 확률이 0.51인 동전 던지기(coin tossing)에서 앞

면에 대하여 $p_X(1)=0.51$, '뒷면' $(X=0)$에 대하여 $p_X(0)=0.49$ 이다.

다음은 자주 활용되는 **이산형 확률분포** 몇 가지이다.

1) 베르누이(Bernoulli) 분포: $X \sim \text{Bernoulli}\,(p)$ 로 표기.

동전의 앞면 (= 1, 확률 p)과 뒷면 (= 0, 확률 $1-p$):

$$p_X(x) = p^x (1-p)^{1-x},\ x=0,1\,.$$

2) 이항(binomial) 분포: $X \sim B(n,p)$ 로 표기.

n 번의 독립적인 베르누이 시행에서 앞면 (확률 p)이 나타난 횟수:

$$p_X(x) = \binom{n}{x} p^x (1-p)^{n-x},\ x=0,1,\cdots,n\,.$$

3) 기하(geometric) 분포: $X \sim \text{geometric}\,(p)$ 로 표기.

독립적인 베르누이 시행의 반복에서 첫 번째 성공 (확률 p)까지의 시행 수:

$$p_X(x) = (1-p)^{x-1} p,\ x=1,2,\cdots\,.$$

* 여기서 '성공'은 앞면의 다른 이름이다.

4) 음이항(negative binomial) 분포: $X \sim \text{NB}\,(m,p)$ 로 표기.

독립적인 베르누이 시행의 반복에서 m 번째 성공 (확률 p)까지의 시행 수.

$$p_X(x) = \binom{x-1}{m-1} (1-p)^{x-m} p^m,\ x=m, m+1,\cdots\,.$$

5) 포아송(Poisson) 분포: $X \sim \text{Poisson}\,(\theta)$ 로 표기.

시(時, time) 구간 $(0,t)$ 에서 발생한 임의적 사건의 수 (발생률 λ, $\theta := \lambda t$):

$$p_X(x) = e^{-\theta}\frac{\theta^x}{x!},\ x=0,1,2,\cdots.$$

* 연속형 변수의 지수분포와 관련이 있다. 또한 이항분포 $B(n,p)$ 의 극한으로 유도된다 $(\theta = np;\ p\downarrow 0,\ n\uparrow\infty)$.

연속형(continuous) **확률변수** X는 Borel sigma algebra의 기본요소인 구간에

확률을 부여한다. 1개 실현값 $X(\omega)$에 대한 확률은 의미가 없다 (굳이 말하자면 0이다). X의 분포는 $(-\infty, x]$에 대한 확률 $F_X(x) := \mathrm{P}(X \leqq x)$로부터 나온다:

$$\mathrm{P}(a < X \leqq b) = \mathrm{P}(X \leqq b) - \mathrm{P}(X \leqq a) = F(b) - F(a).$$

$F_X(x)$를 분포함수(distribution function)라고 한다. $F(x)$가 미분가능하고 이것의 도함수를 $f_X(x) (= \frac{d}{dx} F_X(x))$라고 하면

$$F_X(x) := \mathrm{P}(X \leqq x) = \int_a^x f_X(u)\, du$$

로 표현된다. $f_X(x)$를 X의 확률밀도함수(probability density function, pdf)라고 한다. 다음은 자주 활용되는 몇 가지 **연속형 확률분포**이다.

1) 균일(uniform) 분포 'uniform(a, b)'의 pdf는 다음과 같다.

$$f_X(x) = \frac{1}{b-a}, \quad a < x < b.$$

2) 삼각(triangular) 분포의 pdf는 다음과 같다.

$$f_X(x) = 1 - |x|, \quad -1 < x < 1.$$

삼각분포는 독립적인 균일변수 U와 V의 평균이 취하는 확률분포이다: $U \sim$ uniform$(-1, 1)$, $V \sim$ uniform$(-1, 1)$이고 독립이면, $X := (U + V)/2$는 삼각분포를 따른다. (왜? $0 < x < 1$일 때, $1 - F_X(x) = 1 - (1-x)^2/2$이므로 $f_X(x) = 1 - x$.) 부록 B.4에 균일변수 3개의 평균을 다룬다.

3) 지수(exponential) 분포 'exponential(1)'의 pdf는 다음과 같다.

$$f_X(x) = e^{-x}, \quad x > 0.$$

이 분포는 균일분포 Uniform$(0, 1)$을 따르는 확률변수 U의 변환으로부터 유도 된다: $X := -\log_e(1 - U)$ 라고 하자. 그러면

$$F_X(x) = \mathrm{P}(X \leqq x) = \mathrm{P}(-\log_e(1-U) \leqq x)$$

$$= \mathrm{P}(1 - U \geqq e^{-x}) = 1 - e^{-x}, \quad x > 0.$$

$$\therefore \quad f_X(x) = \frac{d}{dx} F_X(x) = e^{-x}, \quad x > 0.$$

이 분포는 흔히 대기시간(waiting time)에 대한 모형으로 쓰인다. 지수분포의 일반형 'exponential(λ)'의 pdf는 다음과 같다 (λ는 발생률).

$$f_X(x) = \lambda e^{-\lambda x}, \quad x > 0 ; \ \lambda > 0 .$$

4) 정규분포(normal distribution) 표준정규분포 $N(0,1)$의 pdf는 다음과 같다.

$$f_X(x) = \frac{1}{\sqrt{2\pi}} e^{-\frac{1}{2}x^2}, \quad -\infty < x < \infty .$$

이 분포는 중심극한정리(central limit theorem, CLT)에서 나오는데 CLT에 대하여는 후에 다룰 것이다. 정규분포의 일반형 '$N(\mu, \sigma^2)$'의 pdf는 다음과 같다 ($\sigma > 0$).

$$f_X(x) = \frac{1}{\sqrt{2\pi}\,\sigma} e^{-\frac{1}{2}\frac{(x-\mu)^2}{\sigma^2}}, \quad -\infty < x < \infty .$$

5) 베타 분포(beta distribution) 'beta(α, β)'의 pdf는 다음과 같다.

$$f_X(x) = \frac{\Gamma(\alpha+\beta)}{\Gamma(\alpha)\Gamma(\beta)} x^{\alpha-1} (1-x)^{\beta-1}, \quad 0 < x < 1 ; \ \alpha > 0, \beta > 0 .$$

$\alpha = \beta = 1$일 때, 이것은 uniform$(0,1)$과 같다. $\Gamma(g)$는 감마함수로서

$$\Gamma(g) = \int_0^\infty u^{g-1} e^{-u} du, \ g > 0$$

로 정의된다. g가 자연수인 경우엔 $\Gamma(g) = (g-1)!$이지만 ($g = 1, 2, 3, \cdots$) 일반적인 $g > 0$에 대한 $\Gamma(g)$의 값은 수치적으로 산출된다.

감마 분포(gamma distribution)는 다음 장에서 다룬다.

어떤 분포는 수학적으로 유도하기가 까다롭다. 그런 경우엔 몬테칼로 모의시행(Monte-Carlo simulation)이 유용하다. 이 기법에 대하여는 6장에서 다룰 예정이지만 여기서 잠깐 그 유용성을 맛보기로 한다.

X_1, X_2, X_3가 독립적으로 uniform$(-1, 1)$분포를 따른다고 하자.

$$Z := (X_1 + X_2 + X_3)/3$$

의 분포를 구해보자.[1] 모의생성된 1,000개의 변수 값에 대한 히스토그램이 Z의 분포를 근사한다.

R 코딩:

```
# Sum of three uniform random variables
n <- 1000
x1 <- runif(n, -1, 1)
x2 <- runif(n, -1, 1)
x3 <- runif(n, -1, 1)
z <- (x1 + x2 + x3)/3
hist(z)
```

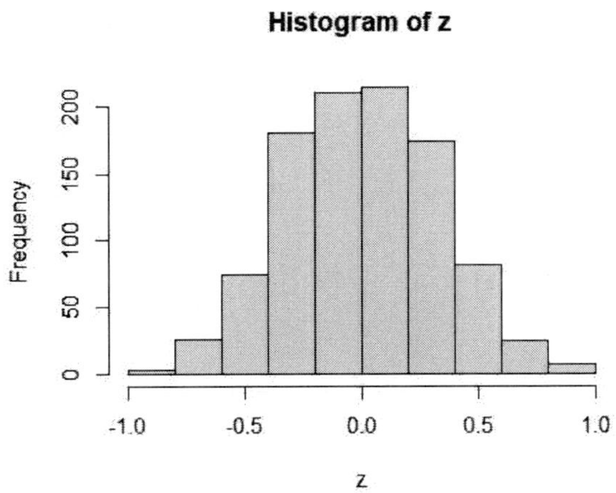

Python 코딩:

```
# Sum of three uniform random variables
import numpy as np
import matplotlib.pyplot as plt
n = 1000
x1 = np.random.uniform(-1, 1, n)
x2 = np.random.uniform(-1, 1, n)
x3 = np.random.uniform(-1, 1, n)
z = (x1 + x2 + x3) / 3
fig, ax = plt.subplots(figsize=(6,4))
```

1) 삼각 분포는 2개 uniform $(-1, 1)$ 변수의 평균이 취하는 분포이다. 이를 확장하여 3개 uniform $(-1, 1)$ 변수의 평균 Z의 분포는 2개의 내부 경계점이 있는 2차 함수가 아닐까 짐작할 수 있다. 구체적 수식은 부록 B.4 참조.

```
plt.hist(z, bins=np.arange(-1, 1.2, 0.2), histtype="bar",
      color="lightgray", edgecolor="gray")
plt.title("histogram of z")
plt.xlabel("z")
plt.show()
```

조건부 분포(conditional distribution)

실현 사건에 대하여 일부 정보가 있는 경우, 그것에 조건화된 확률분포를 고려할 필요가 있다. 예를 들어, 앞면의 확률이 0.5인 동전을 2번 던졌다고 하자. $X \sim B(2, 0.5)$로 나타내자. 그런데 모두 앞면인 것은 아니라는 알게 된 경우, 앞면이 수가 0인 경우와 1인 경우에 대한 확률은 각각

$$\mathrm{P}(X=0 \mid X=0,1) = \frac{\binom{2}{0} 0.5^2}{\binom{2}{0} 0.5^2 + \binom{2}{1} 0.5^2} = \frac{1}{3},$$

$$\mathrm{P}(X=1 \mid X=0,1) = \frac{\binom{2}{1} 0.5^2}{\binom{2}{0} 0.5^2 + \binom{2}{1} 0.5^2} = \frac{2}{3}$$

이다 (앞면의 수가 2일 수는 없다).

X가 이산형인 경우, 일반적으로, S에 조건화된 X의 분포는 확률질량함수

$$p_{X \mid S}(x) := \frac{p_X(x)}{\sum_{x \in S} p_X(x)}, \quad \text{for } x \in S$$

로 나타내지고, X가 연속형인 경우, S에 조건화된 X의 분포는 분포함수

$$F_{X \mid S}(x) := \frac{\int_{u \le x,\, u \in S} f_X(u)\,du}{\int_{u \in S} f_X(u)\,du}.$$

로 나타내진다. $F_{X \mid S}(x)$를 x로 미분하면 조건부 pdf로 $f_{X \mid S}(x)$가 얻어진다.

예 3. 확률변수 X가 기하분포 geometric(p)를 따른다고 하자. $X > x_0$라는 조

건하에서 ($x_0 = 1, 2, \cdots$) X의 분포는

$$p_{X \mid X > x_0}(x) = \frac{(1-p)^{x-1} p}{(1-p)^{x_0}}$$
$$= (1-p)^{x - x_0 - 1} p, \quad x = x_0 + 1, x_0 + 2, \cdots$$

이다. 왜냐하면 $P(X > x_0) = (1-p)^{x_0}$이기 때문. 이것은 geometric (p)의 shift된 형태이다. 해석: x_0회의 실패를 겪었음에도 불구하고 첫 번째 성공까지 요구되는 추가적인 시행 수는 시작 시점에서와 동일하다.

예 4. 확률변수 X가 지수분포 exponential (1)을 따른다고 하자. $X > x_0 (> 0)$ 라는 조건하에서 X의 pdf는

$$F_{X \mid X > x_0}(x) = \frac{\int_{x_0}^{x} e^{-u} du}{\int_{x_0}^{\infty} e^{-u} du} = \frac{e^{-x_0} - e^{-x}}{e^{-x_0}}$$
$$= 1 - e^{-(x - x_0)}, \; x > x_0 .$$

따라서 $f_{X \mid X > x_0}(x) = e^{-(x - x_0)}, \; x > x_0$. 이것은 지수분포 exponential (1)의 shift이다. 해석: $x_0 > 0$의 기다림(waiting)에도 불구하고 사건 발생까지의 추가적 대기시간이 취하는 확률분포는 시작 시점에서와 동일하다.

예 5. 확률변수 X가 표준정규분포 $N(0, 1)$을 따른다고 하자. $X > 0$라는 조건하에서 X의 pdf는 다음과 같다 (half-normal distribution).

$$f_{X \mid X > 0}(x) = \frac{2}{\sqrt{2\pi}} e^{-\frac{1}{2}x^2}, \; x > 0 .$$

이산형 분포와 연속형 분포의 시각화

이산형 분포는 확률질량의 막대그림으로 시각화한다. 다음은 $\theta = 2$인 포아송 분포의 확률질량을 보여준다. R의 `barplot()` 함수로 산출하였다.

```
# Poisson distribution
theta <- 2
x <- 0:10
prob <- dpois(x, theta)
round(prob, 3)
barplot(prob, names.arg=0:10, xlab="x", ylab="prob", ylim=c(0,0.3),
    main=paste("Poisson distribution, theta = ",theta))
```

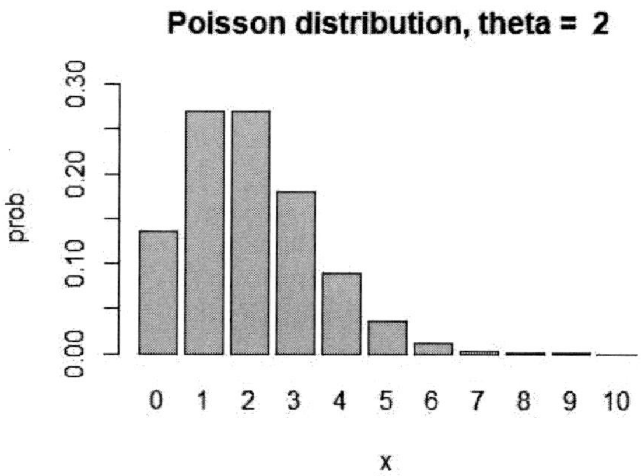

Python 코딩:

```
# Poisson distribution
import numpy as np
import matplotlib.pyplot as plt
from scipy.stats import poisson
theta = 2
x = np.arange(0, 11)  # Equivalent to R's 0:10
prob = poisson.pmf(x, theta)      # Similar to R's dpois
prob_rounded = np.round(prob, 3)  # Equivalent to R's round(prob, 3)
plt.bar(x, prob_rounded, tick_label=x)
plt.xlabel('x')
plt.ylabel('prob')
plt.ylim(0, 0.3)
plt.title(f'Poisson Distribution, theta = {theta}')
plt.show()
```

연속형 분포는 밀도함수의 그래프로 시각화한다. 다음은 $\alpha=2, \beta=3$ 인 베타 분포 beta $(3, 2)$ 의 pdf를 보여준다. R의 **plot()** 함수로 산출하였다.

```
# Beta distribution
alpha <- 2
beta <- 3
x <- seq(0, 1, 0.01)
density <- dbeta(x, alpha, beta)
plot(density ~ x, type="l", ylim=c(0,2.5),
    main=paste("beta distribution, alpha =", alpha, ", beta =", beta))
```

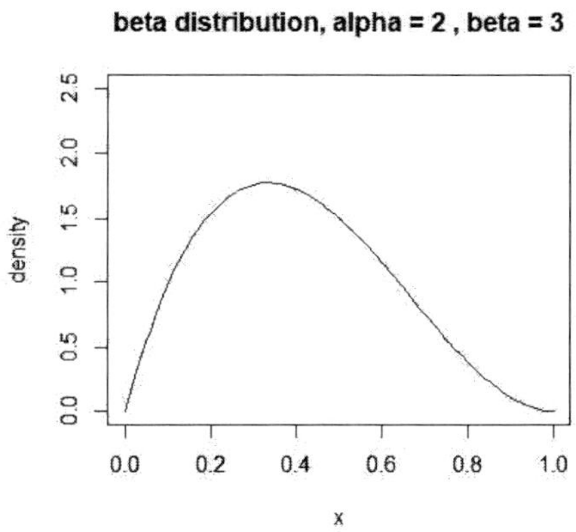

Python 코딩:

```
# Beta distribution
import numpy as np
import matplotlib.pyplot as plt
from scipy.stats import beta as beta_dist  # Renamed to avoid conflict
alpha = 2
beta_param = 3
x = np.arange(0, 1.01, 0.01)         # Similar to seq(0, 1, 0.01) in R
density = beta_dist.pdf(x, alpha, beta_param)
plt.plot(x, density, 'b-', lw=2)  # 'b-' for a blue line
plt.ylim(0, 2.5)
plt.title(f'Beta Distribution, alpha = {alpha}, beta = {beta_param}')
plt.xlabel('x')
plt.ylabel('Density')
plt.grid(True)
plt.show()
```

연습문제

1. 확률변수 $X = x$ 일 확률이 $p_X(x) = \dfrac{K}{x^2}$, $x = 1, 2, 3, \cdots$ 라고 하자. $p_X(x)$가 합당한 확률질량함수가 되기 위하여 요구되는 K 값을 구하라 (소수점 아래 4자리).

2. 동전을 던져 앞면(확률 0.5)이면 $X \sim B(n, 0.25)$ 를 얻고 뒷면(확률 0.5)이면 $X \sim B(n, 0.75)$ 를 얻는다고 하자. $n = 8$ 인 경우, X의 분포를 구하고 막대그림으로 시각화하라.

3장. 다변량 확률변수

이변량 확률변수 (X, Y)의 확률분포로부터 주변분포와 조건부 분포를 정의하고 두 변수의 독립성을 다룬다. 이들은 다변량 확률변수로 확장된다. X와 Y가 독립인 경우, 두 변수의 합성곱(convolution), 즉 $X+Y$의 분포를 산출한다.

결합분포(joint distribution): 이산형의 경우

이산형 확률변수 X와 Y가 표본공간 Ω에서 설정된 경우, 결합확률질량함수 joint pmf는 $p_{X,Y}(x, y) := P(X=x, Y=y)$로 정의된다.

예 1. 주사위 1과 2를 던져 주사위 1의 앞면 X_1과 주사위 2의 앞면 X_2가 관측되었다고 하자. 결합확률질량함수 $p_{X_1, X_2}(x_1, x_2)$는

$$p_{X_1, X_2}(x_1, x_2) := \frac{1}{36}, \ (x_1, x_2) = (1,1), (1,2), \cdots, (6,5), (6,6).$$

예 2. 앞 예에서 $S := X_1 + X_2$, $D := X_1 - X_2$라고 하자. (S, D)의 결합확률은 다음 36개 점에서 1/36 이다. <그림 1>을 보라.

$D = 0$; $S = 2, 4, 6, 8, 10, 12.$
$D = \pm 1$; $S = 3, 5, 7, 9, 11.$
$D = \pm 2$; $S = 4, 6, 8, 10.$
$D = \pm 3$; $S = 5, 7, 9.$
$D = \pm 4$; $S = 6, 8.$
$D = \pm 5$; $S = 7.$

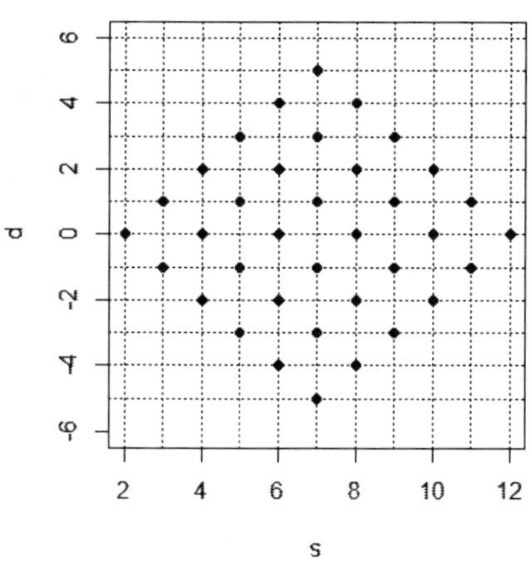

<그림 1> 36개 점에서의 균등분포

주변분포(marginal distribution): 이산형의 경우

이산형 확률변수 X와 Y가 표본공간 Ω에서 설정된 경우, X의 주변분포는 확률질량함수 $p_X(x) := \sum_y p_{X,Y}(x,y)$로 정의된다.

예 2의 계속. D의 주변분포는 다음과 같다.

$$p_D(d) = \frac{6}{36}, \frac{5}{35}, \frac{4}{35}, \frac{3}{35}, \frac{2}{35}, \frac{1}{35} \text{ for } d = 0, \pm 1, \pm 2, \pm 3, \pm 4, \pm 5 .$$

예 3. 3개 주사위 X_1, X_2, X_3의 합 $S = X_1 + X_2 + X_3$가 취하는 주변분포를 구해보자. 이런 경우엔 컴퓨터로 직접 계산하는 것이 오히려 쉽다.

R 코딩:

```
# sum of three dices
x1 <- seq(1, 6, 1)
x2 <- seq(1, 6, 1)
x3 <- seq(1, 6, 1)
df <- expand.grid(x1, x2, x3)
s <- apply(df, 1, sum)
table(s)
## 3  4  5  6   7   8   9  10  11  12  13  14  15  16  17  18
## 1  3  6 10  15  21  25  27  27  25  21  15  10   6   3   1
round(table(s) / sum(table(s)), 4)
##      3      4      5      6      7      8      9     10
## 0.0046 0.0139 0.0278 0.0463 0.0694 0.0972 0.1157 0.1250
##     11     12     13     14     15     16     17     18
## 0.1250 0.1157 0.0972 0.0694 0.0463 0.0278 0.0139 0.0046
```

Python 코딩:

```
# sum of three dices
import pandas as pd
import numpy as np
x1 = np.arange(1, 7, 1)
x2 = np.arange(1, 7, 1)
x3 = np.arange(1, 7, 1)
```

```
df = pd.DataFrame(np.array(np.meshgrid(x1, x2, x3)).T.reshape(-1,3),
    columns=['x1', 'x2', 'x3'])
df['sum'] = df.sum(axis=1)
print(df['sum'].value_counts().sort_index())
```

조건부 분포(conditional distribution): 이산형의 경우

이산형 확률변수 X와 Y가 표본공간 Ω에서 설정된 경우, $X=x$에 조건화된 Y의 분포는 확률질량함수 $p_{Y \mid X}(y \mid x) := \dfrac{p_{X,Y}(x,y)}{p_X(x)}$ 로 정의된다.

예 4. (예 2의 계속) $D=d$에 조건화된 S의 분포는 다음과 같다. $d=2$에서

$$p_{S \mid D}(s \mid d) = \frac{1}{4}, \quad \text{for } s = 4, 6, 8, 10\,.$$

결합분포(joint distribution): 연속형의 경우

연속형 확률변수 X와 Y가 표본공간 Ω에서 설정된 경우 결합확률분포함수 joint probability distribution function $F_{X,Y}(x,y) := P(X \leqq x,\, Y \leqq y)$로부터 결합확률밀도함수 joint pdf가 나온다:

$$f_{X,Y}(x,y) := \frac{\partial^2}{\partial x\,\partial y} F_{X,Y}(x,y)\,.$$

주변분포와 조건부 분포: 연속형의 경우

연속형 확률변수 X와 Y가 표본공간 Ω에서 설정된 경우 X의 주변확률밀도함수는 $f_X(x) := \int_y f_{X,Y}(x,y)\,dy$이다.

$X=x$에 조건화된 Y의 분포는 확률밀도함수 $f_{Y \mid X}(y \mid x) := \dfrac{f_{X,Y}(x,y)}{f_X(x)}$ 로 정의된다 ($f_X(x) > 0$인 x에서).

예 5. [Triangular Lake] 이차원 유클리드 공간에서 확률밀도함수가 다음과 같이 설정되었다고 하자.

$$f_{X,Y}(x,y) \propto x+y, \quad 0<x,\ 0<y,\ x+y<1.$$

$\int_R\int f_{X,Y}(x,y)\,dy\,dx = \frac{1}{3}$ 이므로 ($R: 0<x, 0<y, x+y<1$),

$$f_X(x) = \int_y f_{X,Y}(x,y)\,dy = 3\int_0^{1-x}(x+y)\,dy = \frac{3}{2}(1-x^2), \quad 0<x<1.$$

$$f_{Y|X}(y \mid x) = \frac{f_{X,Y}(x,y)}{f_X(x)} = \frac{2(x+y)}{1-x^2}, \quad 0<y<1-x.$$

따라서 $f_X(x)$의 밀도는 $x=0$ 근방에서 가장 크고 주어진 $0<x<1$에서 조건부 밀도 $f_{Y|X}(y \mid x)$는 y의 선형 함수이다.

이변량 정규분포(bivariate normal distribution)

- (X, Y)의 결합확률밀도함수 (상관이 ρ인)

$$f_{X,Y}(x,y) = \frac{1}{2\pi\sqrt{1-\rho^2}}\exp\left\{-\frac{1}{2(1-\rho^2)}(x^2-2\rho xy+y^2)\right\},$$

$$-\infty < x, y < \infty.$$

$x^2-2\rho xy+y^2=k^2$의 등고선(contour)는 타원이고 $y=\pm x$를 축으로 대칭이다. <그림 2>를 보라 ($\rho=0.5$).

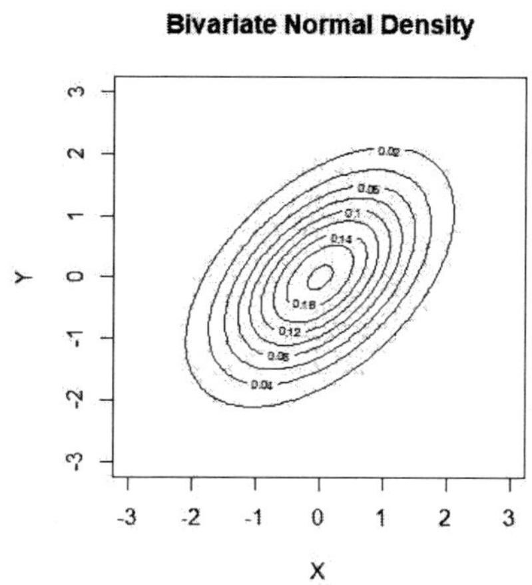

<그림 2> $\rho=0.5$인 이변량 정규분포 밀도의 contour

R 코딩:

```
# bivariate normal density
library(MASS)
library(mvtnorm)
mean <- c(0, 0)
sigma <- matrix(c(1, 0.5, 0.5, 1), nrow=2)  # Define the covariance matrix
x <- seq(-3, 3, length=100)                # Adjust range and length
y <- seq(-3, 3, length=100)
grid <- expand.grid(x=x, y=y)
z <- dmvnorm(as.matrix(grid), mean=mean, sigma=sigma)
contour(x, y, matrix(z, nrow=100), xlab="X", ylab="Y",
    main="Bivariate Normal Density")
```

- X의 주변확률밀도함수

$$f_X(x) = \frac{1}{\sqrt{2\pi}} \exp\left\{-\frac{1}{2}x^2\right\}, \quad -\infty < x < \infty .$$

- $X = x$로 주어진 Y의 조건부 확률밀도함수

$$f_{Y \mid X}(y \mid x) = \frac{1}{\sqrt{2\pi(1-\rho^2)}} \exp\left\{-\frac{1}{2(1-\rho^2)}(y-\rho x)^2\right\}, \ -\infty < y < \infty .$$

따라서 $X = x$로 주어진 Y의 조건부 확률분포는 $N(\rho x, 1-\rho^2)$이다.

이산형 변수와 연속형 변수의 결합 분포

예 6. $X \sim \text{Bernoulli}(p)$이고 $X = x$일 때 $Y \sim \mathrm{N}(\mu_x, \sigma^2)$이면 $(x = 0, 1; \mu_0 \neq \mu_1)$

$$f_{X,Y}(x, y) = \frac{0.5}{\sqrt{2\pi}} e^{-\frac{1}{2\sigma^2}(y-\mu_x)^2}, \ x = 0, 1; \ -\infty < y < \infty .$$

$$\therefore \quad f_Y(y) = \frac{0.5}{\sqrt{2\pi}} e^{-\frac{1}{2\sigma^2}(y-\mu_0)^2} + \frac{0.5}{\sqrt{2\pi}} e^{-\frac{1}{2\sigma^2}(y-\mu_1)^2}, \quad -\infty < y < \infty .$$

이를 혼합정규분포(mixture of normal distributions)라고 한다.

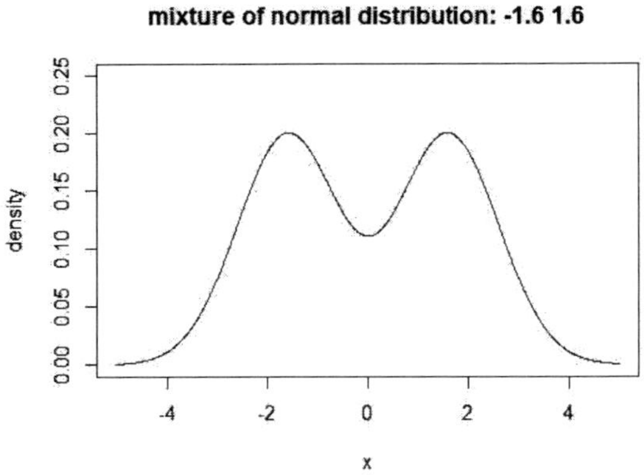

<그림 3> $\mu_0 = -1.6,\ \mu_1 = 1.6,\ \sigma = 1$ 인 혼합분포의 밀도함수[1)]

독립성(independence)

3개 변수 X, Y, Z가 독립이면 결합확률밀도함수가 다음과 같이 표현된다 (연속형의 경우).

$$f_{X,Y,Z}(x, y, z) = f_X(x) f_Y(y) f_Z(z).$$

이산형인 경우엔 '확률밀도'가 '확률질량'으로 대체된다.

X, Y, Z가 쌍별 독립(pairwise independent)이더라도 결합하여 독립이지 않을 수 있다. 여기에 반례(counter example)가 있다.

X, Y가 독립적으로 $\text{Bernoulli}(0.5)$라고 하자. Z를

$$Z = \begin{cases} 1, & \text{if } X = Y \\ 0, & \text{if } X \neq Y \end{cases}$$

로 정의하면, X, Z는 독립이다. 마찬가지로 Y, Z도 독립이다. 그러나

$$p_{X,Y,Z}(1,1,1) = 0.5^2,\ p_X(1) p_Y(1) p_Z(1) = 0.5^3$$

로 불일치한다. 따라서 X, Y, Z는 독립이 아니다.

---

1) 혼합정규분포의 밀도함수가 이 그림에서 보듯 항상 2개의 봉우리를 갖는 것은 아니다. $(\mu_1 - \mu_0)/\sigma \leqq 2$ 인 경우에는 봉우리가 1개이다. (왜?)

두 독립변수의 합성곱(convolution)

변수 X, Y가 독립이고 연속형인 경우 $X+Y$의 확률밀도함수를 구해보자. $Z := X+Y$의 분포함수는

$$F_Z(z) = P(X+Y \leqq z) = \int_{-\infty}^{\infty} \int_{-\infty}^{z-x} f_X(x) f_Z(y)\, dy\, dx\,.$$

$$\therefore\ \ f_Z(z) = \frac{d}{dz} F_Z(z) = \int_{-\infty}^{\infty} f_X(x) f_Y(z-x)\, dx\,.$$

변수 X, Y가 독립이고 이산형인 경우 $Z := X+Y$의 확률질량함수는, 전확률 공식에 의해,

$$p_Z(z) = \sum_x p_X(x)\, p_Y(z-x).$$

예 7. $X \sim B(m,p)$, $Y \sim B(n,p)$이고 독립이면 $Z := X+Y$의 확률질량함수는

$$\begin{aligned} p_Z(z) &= \sum_x \binom{m}{x} p^x (1-p)^{m-x} \binom{n}{z-x} p^{z-x} (1-p)^{n-(z-x)} \\ &= \sum_x \binom{m}{x}\binom{n}{z-x} p^z (1-p)^{m+n-z} = \binom{m+n}{z} p^z (1-p)^{m+n-z} \end{aligned}$$

이므로 $X+Y \sim B(m+n,p)$이다. 일반화하여, 이항변수 $X_1, \cdots, X_N$가 독립적으로 $X_i \sim B(n_i,p)$이면 $\sum_{i=1}^{N} X_i \sim B(\sum_{i=1}^{N} n_i, p)$이다. 이것의 특수 케이스로서 $n_1 = \cdots = n_N = 1$인 경우,

$$\begin{aligned} & X_i \sim \text{Bernoulli}\,(p)\,,\ i = 1, \cdots, N;\ X_1, \cdots, X_N\text{가 독립이면} \\ & \Rightarrow\ \sum_{i=1}^{N} X_i \sim B(N,p)\,. \end{aligned}$$

예 8. $X_1 \sim \text{geometric}\,(p)$, $X_2 \sim \text{geometric}\,(p)$이고 독립이면 X_1+X_2는 음이항분포 NB$(2, p)$를 따른다. 왜냐하면 $Z = X_1+X_2$의 확률질량이

$$\begin{aligned} p_Z(z) &= \sum_{x=1}^{z-1} (1-p)^{x-1} p \cdot (1-p)^{z-x-1} p \\ &= (z-1)(1-p)^{z-2} p^2 = \binom{z-1}{1} (1-p)^{z-2} p^2, \quad z = 2, 3, 4, \cdots \end{aligned}$$

이기 때문이다. 음이항분포의 개념적 정의에 의해서 유도될 수도 있다.

예 9. $X_1 \sim \text{Poisson}(\theta_1)$, $X_2 \sim \text{Poisson}(\theta_2)$, 독립이라고 하면 $X_1 + X_2 \sim \text{Poisson}(\theta_1 + \theta_2)$이다.

증명. $Z := X_1 + X_2 \sim p_Z(z) = \sum_{x=0}^{z} p_{X_1}(z-x)\, p_{X_2}(x)$

$$
\begin{aligned}
&= \sum_{x=0}^{z} \frac{1}{(z-x)!} \theta_1^{z-x} e^{-\theta_1} \frac{1}{x!} \theta_2^{x} e^{-\theta_2} \\
&= \frac{1}{z!} \sum_{x=0}^{z} \frac{z!}{(z-x)!\,x!} \theta_1^{z-x} e^{-\theta_1} \theta_2^{x} e^{-\theta_2} \\
&= \frac{1}{z!} (\theta_1 + \theta_2)^z e^{-\theta_1 - \theta_2}, \quad \text{for } z = 0, 1, 2, \cdots.
\end{aligned}
$$

예 10. $X \sim N(0,1), Y \sim N(0,1)$이고 독립이면 $Z := X + Y$는 $N(0,2)$를 따른다. 왜냐하면

$$
\begin{aligned}
f_Z(z) &= \int_{-\infty}^{\infty} f_X(x) f_Y(z-x)\, dx = \frac{1}{2\pi} \int_{-\infty}^{\infty} e^{-\frac{1}{2}(x^2 + (z-x)^2)} dx \\
&= \frac{1}{2\pi} \int_{-\infty}^{\infty} e^{-\frac{1}{2}\left(2(x - \frac{z}{2})^2 + \frac{z^2}{2}\right)} dx = \frac{1}{\sqrt{2\pi}} \frac{1}{\sqrt{2}} e^{-\frac{1}{2}\frac{z^2}{2}}.
\end{aligned}
$$

예 11. X와 Y를 독립적인 지수 변수라고 하자: $X, Y \sim \text{exponential}(1)$. 그러면 $Z := X + Y$의 확률밀도함수는 다음과 같다.

$$
\begin{aligned}
f_Z(z) &= \int_0^z f_X(u) f_Y(z-u)\, du \\
&= \int_0^z e^{-u} e^{-(z-u)}\, du = z e^{-z}, \quad z > 0 \qquad (1)
\end{aligned}
$$

$\text{Gamma}(n,1)$ 분포의 확률밀도함수는 다음과 같다 (정의).

$$
f_Z(z) = \frac{1}{(n-1)!} z^{n-1} e^{-z}, \quad z > 0.
$$

따라서 (1)은 감마 분포의 일종이다.

$X_1, \cdots, X_n$이 독립적인 $\text{exponential}(1)$일 때 $Z := X_1 + \cdots + X_n$의 분포가 $\text{Gamma}(n,1)$이다.

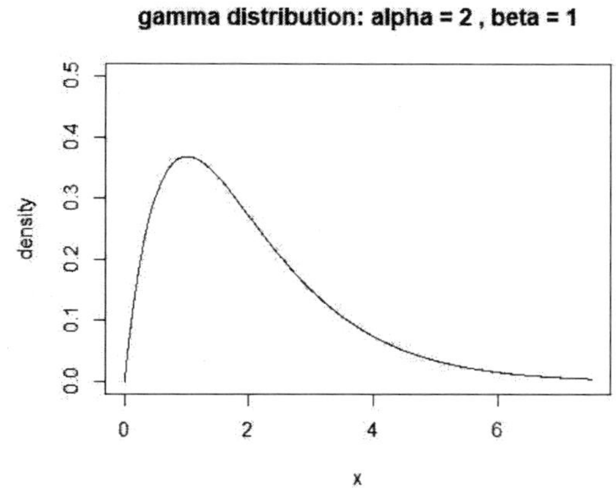

<그림 4> 감마 분포의 밀도함수: $\alpha = 2, \beta = 1$

감마 분포 $\text{Gamma}(\alpha, \beta)$의 일반형은 다음과 같다.

$$f_Z(z\,;\alpha,\,\beta) = \frac{1}{\Gamma(\alpha)\,\beta^{\alpha}}\,z^{\alpha-1}e^{-z/\beta}, \quad z>0,\ \alpha>0,\ \beta>0\,,$$

여기서 $\Gamma(\alpha) := \int_0^{\infty} x^{\alpha-1}e^{-x}\,dx\,,\ \ \Gamma(n) = (n-1)!\,,\ n = 1, 2, 3, \cdots$: α는 형태(shape)를 정하고 β는 척도(scale)를 정한다. <그림 4> 참조.

척도 파라미터 β가 같은 독립적인 감마 변수 2개, 즉 $\text{Gamma}(\alpha_1, \beta)$와 $\text{Gamma}(\alpha_2, \beta)$의 합은 $\text{Gamma}(\alpha_1 + \alpha_2,\, \beta)$분포를 따른다.

지수분포 $\text{exponential}(\theta)$는 감마 분포 $\text{Gamma}(\alpha, \beta)$에서 $\alpha = 1$, $\beta = \theta$인 케이스이다.

자유도 n의 카이제곱 분포 $\chi^2(n)$의 밀도함수는 다음과 같다.

$$f_Z(z\,;\alpha,\,\beta) = \frac{1}{\Gamma(n/2)\,2^{n/2}}\,z^{n/2-1}e^{-z/2}, \quad z>0,\ n = 1, 2, 3, \cdots\,.$$

$\chi^2(n)$은 감마 분포 $\text{Gamma}(\alpha, \beta)$에서 $\alpha = \frac{n}{2}$, $\beta = 2$인 케이스이다.

연습문제

1. 성공 확률이 같은 독립적인 음이항 변수 2개, 즉 NB (m_1, p)과 NB (m_2, p)의 합은 어떤 분포를 따르는가?

2. 척도 파라미터 β가 같은 독립적인 2개 감마 변수 Gamma (α_1, β)와 Gamma (α_2, β)의 합이 Gamma $(\alpha_1 + \alpha_2, \beta)$ 분포를 따름을 보여라.

4장. 기대값

이 장은 기대값을 정의하고 계산하는 방법을 다룬다. $X \sim f_X(x)$라고 하자.

$g(X)$**의 기대값**(expected value): 연속형 X의 경우

연속형 확률변수 X의 변환 $g(X)$의 기대값은

$$E(g(X)) := \int_{-\infty}^{\infty} g(x) f_X(x)\, dx$$

로 정의된다. 수학적으로는 일종의 적분이다. (X, Y)가 이변량 연속형 확률변수일 때 $g(X, Y)$의 기대값은

$$E(g(X, Y)) := \int_{-\infty}^{\infty} \int_{-\infty}^{\infty} g(x, y) f_{X, Y}(x, y)\, dy\, dx$$

로 정의된다.

예 1. $X \sim$ beta(α, β)라고 하자. 즉

$$f_X(x) = \frac{\Gamma(\alpha+\beta)}{\Gamma(\alpha)\Gamma(\beta)} x^{\alpha-1} (1-x)^{\beta-1}, \quad 0 < x < 1; \ \alpha > 0, \beta > 0$$

인 경우이다. X의 기대값은

$$\begin{aligned} E(X) &= \int_0^1 x \frac{\Gamma(\alpha+\beta)}{\Gamma(\alpha)\Gamma(\beta)} x^{\alpha-1} (1-x)^{\beta-1} dx \\ &= \frac{\Gamma(\alpha+\beta)}{\Gamma(\alpha)\Gamma(\beta)} \int_0^1 x^{\alpha+1-1} (1-x)^{\beta-1} dx \\ &= \frac{\Gamma(\alpha+\beta)}{\Gamma(\alpha)\Gamma(\beta)} \frac{\Gamma(\alpha+1)}{\Gamma(\alpha+1+\beta)} \int_0^1 \frac{\Gamma(\alpha+1+\beta)}{\Gamma(\alpha+1)\Gamma(\beta)} x^{\alpha+1-1} (1-x)^{\beta-1} dx \\ &= \frac{\Gamma(\alpha+\beta)}{\Gamma(\alpha)\Gamma(\beta)} \frac{\Gamma(\alpha+1)}{\Gamma(\alpha+1+\beta)} = \frac{\alpha}{\alpha+\beta} \end{aligned}$$

이다. 왜냐하면 $\Gamma(\alpha+1) = \alpha\, \Gamma(\alpha)$이므로.[1)]

---

1) 부분적분: $\Gamma(\alpha+1) = \int_0^{\infty} x^{\alpha} e^{-x} dx = [-x^{\alpha} e^{-x}]_0^{\infty} + \int_0^{\infty} \alpha x^{\alpha-1} e^{-x} dx = \alpha\, \Gamma(\alpha)$.

$g(X)$**의 기대값**(expected value): 이산형 X의 경우

이산형 확률변수 X의 변환 $g(X)$의 기대값은 다음과 같이 정의된다.

$$E(g(X)) := \sum_x g(x) f_X(x) dx .$$

(X, Y)가 이변량 이산형 확률변수일 때 $g(X, Y)$의 기대값은

$$E(g(X, Y)) := \sum_x \sum_y g(x, y) f_{X,Y}(x, y)$$

로 정의된다.

예 2. 기하분포의 기대값: X가 성공확률 p인 기하분포를 따르는 확률변수이면

$$\begin{aligned} E(X) &= \sum_{x=1}^{\infty} x\, p_X(x) = \sum_{x=1}^{\infty} x \cdot (1-p)^{x-1} p = p \cdot \sum_{x=1}^{\infty} -\frac{d}{dp}(1-p)^x \\ &= -p \frac{d}{dp} \sum_{x=1}^{\infty} (1-p)^x = -p \frac{d}{dp} \frac{1-p}{p} = \frac{1}{p} . \end{aligned}$$

이번엔 $g(X) := 2^{X-1}$의 기대값을 구해보자.

$$\begin{aligned} E(g(X)) &= \sum_{x=1}^{\infty} 2^{x-1} p_X(x) = \sum_{x=1}^{\infty} 2^{x-1} \cdot (1-p)^{x-1} p \\ &= p \sum_{x=1}^{\infty} (2-2p)^{x-1} = \begin{cases} \infty, & \text{if } p \leqq 0.5, \\ \dfrac{1}{2p-1}, & \text{if } p > 0.5. \end{cases} \end{aligned}$$

즉, $p \leqq 0.5$인 경우, $g(X)$의 기대값은 ∞이다. $p > 0.5$인 경우, 기대값은 유한하다.2)

---

2) $X \sim \text{geometric}(p)$인 게임에서 x번째 베팅(betting)을 2^{x-1}로 하자 $(x = 1, 2, 3, \cdots)$. 즉, 베팅 금액을 2배씩 늘리는 것이다. $x-1$번째 시행까지 잃은 돈은 총 $2^{x-1}-1$이므로 x번째 시행에서 성공하면 결국 1의 이득이 발생한다. 그러니 이 게임은 player에게 유리하다. 당신이라면 이런 게임을 할 의향이 있는가? [St. Petersburg's paradox]

예 3. 이항분포의 기대값: $X \sim B(n,p)$

$$E(X) = \sum_{x=0}^{n} x \cdot \binom{n}{x} p^x (1-p)^{n-x} = \sum_{x=1}^{n} np \binom{n-1}{x-1} p^{x-1} (1-p)^{n-x}$$
$$= np \sum_{x'=0}^{n-1} \binom{n-1}{x'} p^{x'} (1-p)^{n-1-x'} = np.$$

예 4. 포아송 분포의 기대값: $X \sim$ Poisson (θ).

$$E(X) = \sum_{x=0}^{n} x \cdot e^{-\theta} \frac{\theta^x}{x!} = \sum_{x=1}^{n} \theta e^{-\theta} \frac{\theta^{x-1}}{(x-1)!} = \theta \sum_{x'=0}^{n} e^{-\theta} \frac{\theta^{x'}}{x'!} = \theta.$$

예 5. 음이항 분포의 기대값: $X \sim$ NB (m,p).

NB (m,p) 변수는 독립적인 m 개의 geometric (p)의 합이다. 따라서

$$E(X) = \frac{m}{p}.$$

균일분포 uniform (a,b)와 삼각분포의 기대값은 명확하다. 유한 구간에서 분포가 대칭적이면 기대값은 당연히 분포의 중심이기 때문.

예 6. 정규분포 $N(\mu, \sigma^2)$의 기대값은 $\mu (= E(X))$이다.

$$E(X) = \int_{-\infty}^{\infty} x \cdot \frac{1}{\sqrt{2\pi}\,\sigma} e^{-\frac{1}{2\sigma^2}(x-\mu)^2} dx$$
$$= \int_{-\infty}^{\infty} (x-\mu+\mu) \frac{1}{\sqrt{2\pi}\,\sigma} e^{-\frac{1}{2\sigma^2}(x-\mu)^2} dx$$
$$= \int_{-\infty}^{\infty} (x-\mu) \frac{1}{\sqrt{2\pi}\,\sigma} e^{-\frac{1}{2\sigma^2}(x-\mu)^2} dx$$
$$+ \int_{-\infty}^{\infty} \mu \frac{1}{\sqrt{2\pi}\,\sigma} e^{-\frac{1}{2\sigma^2}(x-\mu)^2} dx = 0 + \mu = \mu.$$

예 7. 지수분포 exponential (θ)의 기대값은 θ 이다.

$$E(X) = \int_0^\infty x \cdot \frac{1}{\theta} e^{-\frac{x}{\theta}} dx = \left[x \cdot (-1) e^{-\frac{x}{\theta}} \right]_0^\infty - \int_0^\infty 1 \cdot (-1) e^{-\frac{x}{\theta}} dx$$
$$= \theta \int_0^\infty \frac{1}{\theta} e^{-\frac{x}{\theta}} dx = \theta .$$

기대값이 항상 존재하는 것은 아니다. 적분이나 무한급수가 유한 값을 가져야 하기 때문이다. 다음 보기에 유의할 필요가 있다.

코시 분포(Cauchy distribution): 정의, <그림 1> 참조.

$$X \sim f_X(x) = \frac{1}{\pi(1+x^2)}, \quad -\infty < x < \infty .$$

$$\Rightarrow \quad E(X^+) = \int_0^\infty \frac{x}{\pi(1+x^2)} dx = \infty , \quad E(X^-) = \int_{-\infty}^0 \frac{|x|}{\pi(1+x^2)} dx = \infty .$$

기대값은 일종의 적분으로 $E(X) = E(X^+) - E(X^-)$ 인데, 이 값이 $\infty - \infty$ 이다. 따라서 코시 분포의 기대값 $E(X)$ 은 정의되지 않는다. 이산형 확률분포에 대하여도 이런 경우가 있다.[3)]

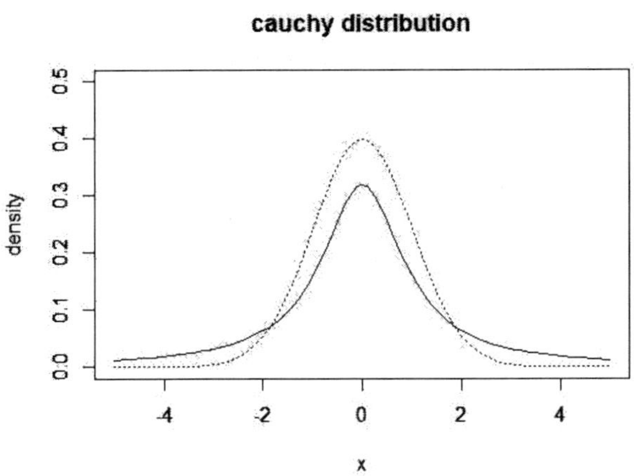

<그림 1> 코시 분포의 밀도함수 (점선은 표준정규분포)

3) Power-2 law: $p_X(x) \propto \frac{1}{x^2}, \; x = 1, 2, 3, \cdots .$

기대값에 대하여는 (연속형 · 이산형 공통으로) 다음 성질이 성립한다.

$$E(aX+b) = a\,E(X)+b\,,$$

여기서 a와 b는 상수이다. 분산(variance) σ^2은 $(X-\mu)^2$의 기대값이다 (정의):

$$\sigma^2 := E(\,(X-\mu)^2\,).$$

X의 분산 σ^2은 통상 $V(X)$로 표기한다. 분산 $V(X)$, 즉 σ^2은 앞의 정의보다는 다음 공식으로 계산하는 것이 편하다.

$$V(X) = E(X^2) - \mu^2, \qquad \text{또는} \qquad V(X) = E(X(X-1)) + \mu - \mu^2.$$

예 2 [계속]. 기하분포의 분산: X가 성공확률 p인 기하분포를 따른다고 하자.

$$\begin{aligned} E(X(X-1)) &= \sum_{x=1}^{\infty} x\,(x-1)\cdot(1-p)^{x-1}p \\ &= \sum_{x=1}^{\infty} x\,(x-1)\cdot(1-p)^{x-2}p\,(1-p) \\ &= p\,(1-p)\cdot \sum_{x=1}^{\infty} \frac{d^2}{dp^2}(1-p)^x \\ &= p\,(1-p)\cdot \frac{d^2}{dp^2}\sum_{x=1}^{\infty}(1-p)^x \\ &= p\,(1-p)\cdot \frac{d^2}{dp^2}\frac{1-p}{p} \\ &= p\,(1-p)\cdot \frac{2}{p^3} \end{aligned}$$

$$\therefore \quad V(X) = p\,(1-p)\cdot\frac{2}{p^3} + \frac{1}{p} - \frac{1}{p^2} = \frac{1-p}{p^2}\,.$$

같은 기법을 써서 이항분포의 분산과 포아송 분포의 분산을 얻을 수 있다:

예 3 [계속]. 이항분포의 분산: $X \sim B(n,p)$일 때, $V(X) = np\,(1-p)$.

예 4 [계속]. 포아송 분포의 분산: $X \sim \text{Poisson}\,(\theta)$일 때, $V(X) = \theta$.

예 6 [계속]. 정규분포의 분산: $X \sim N(\mu,\sigma^2)$일 때,

$$V(X) = E((X-\mu)^2)$$

$$= \int_{-\infty}^{\infty} (x-\mu)^2 \cdot \frac{1}{\sqrt{2\pi}\,\sigma} e^{-\frac{1}{2\sigma^2}(x-\mu)^2} dx$$

$$= \int_{-\infty}^{\infty} x^2 \cdot \frac{1}{\sqrt{2\pi}\,\sigma} e^{-\frac{1}{2\sigma^2}x^2} dx$$

$$= \int_{-\infty}^{\infty} \sigma^2 x \cdot \frac{x}{\sigma^2} \frac{1}{\sqrt{2\pi}\,\sigma} e^{-\frac{1}{2\sigma^2}x^2} dx$$

$$= \left[\sigma^2 x \cdot -\frac{1}{\sqrt{2\pi}\,\sigma} e^{-\frac{1}{2\sigma^2}x^2}\right]_{-\infty}^{\infty} - \int_{-\infty}^{\infty} \sigma^2 \cdot -\frac{1}{\sqrt{2\pi}\,\sigma} e^{-\frac{1}{2\sigma^2}x^2} dx$$

$$= \sigma^2 \int_{\infty}^{\infty} \frac{1}{\sqrt{2\pi}\,\sigma} e^{-\frac{1}{2\sigma^2}x^2} dx = \sigma^2 .$$

예 7 [계속]. 지수분포의 분산: $X \sim$ exponential (θ)일 때,

$$E(X^2) = \int_0^{\infty} x^2 \frac{1}{\theta} e^{-\frac{x}{\theta}} dx$$

$$= \left[x^2 \cdot (-1) e^{-\frac{x}{\theta}}\right]_0^{\infty} - \int_0^{\infty} 2x \cdot (-1) e^{-\frac{x}{\theta}} dx$$

$$= \theta \int_0^{\infty} 2x \cdot \frac{1}{\theta} e^{-\frac{x}{\theta}} dx = 2\theta^2 .$$

$$\therefore \ \sigma^2 = E(X^2) - \mu^2 = 2\theta^2 - \theta^2 = \theta^2 .$$

$aX+b$의 분산은 X의 분산의 a^2배이다: $V(aX+b) = a^2 V(X)$.

X, Y가 독립이면 $E(g(X)h(Y)) = E(g(X))E(h(Y))$이다.

정의: X, Y**간 공분산**(共分散, covariance) $\sigma_{XY} := E((X-\mu_X)(Y-\mu_Y))$.

X, Y**간 상관**(相關, correlation) $\rho_{XY} := \dfrac{\sigma_{XY}}{\sigma_X \sigma_Y}$,

여기서 σ_X^2와 σ_Y^2는 각각 X, Y의 분산이다.

예 8. 3장에서 소개된 이변량 정규분포

$$f_{X,Y}(x,y) = \frac{1}{2\pi\sqrt{1-\rho^2}} \exp\left\{-\frac{1}{2(1-\rho^2)}(x^2 - 2\rho x y + y^2)\right\}, \quad -\infty < x, y < \infty$$

에서 X, Y간 상관은 ρ이다. (왜 그런가?). 이변량 정규분포에서 $\rho = 0$이면 X, Y은 독립이다.[4)]

정리 1. 이변량 확률변수 X, Y의 선형결합 $aX + bY$에 대하여 다음이 성립한다.

$$E(aX + bY) = aE(X) + bE(Y),$$
$$V(aX + bY) = a^2\sigma_X^2 + b^2\sigma_Y^2 + 2ab\,\sigma_{XY}.$$

응용. U, V가 상관이 0인 이변량 정규분포를 따를 때, X, Y를

$$X = U, \quad Y = \rho U + \sqrt{1-\rho^2}\, V$$

로 정의하면 $(-1 < \rho < 1)$, X, Y는 각각 평균 0, 분산이 1인 정규분포를 따르고 두 변수 간 상관이 ρ이다.

ρ인 이변량 정규분포에서 두 변수X와 Y 간 부호 정합성(concordance)을 파악해보자. 다음은 $\rho = 0.5$인 경우이다.

R 코드:

```
# bivariate concordance
rho <- 0.5
n <- 10000
x <- rnorm(n, 0, 1)
y <- rho * x + sqrt(1 - rho^2)*rnorm(n, 0, 1)
table(sign(x), sign(y), dnn=list("x.sign", "y.sign"))/n
```

```
##            y.sign
## x.sign      -1      1
##     -1 0.3298 0.1691
##      1 0.1699 0.3312
```

4) "$\rho = 0$이면 X, Y은 독립이다"는 False이다. 반례: $X \sim N(0,1)$, $Y = X^2$이라고 하자. X, Y 간 상관 ρ는 0이다. 그러나 당연히 독립은 아니다. 이처럼 '이변량 정규분포'가 전제되어야 "$\rho = 0$이면 X, Y은 독립이다"가 True이다.

Python 코드:

```
# bivariate concordance
import numpy as np
import pandas as pd
rho = 0.5
n = 10000
x = np.random.normal(0, 1, n)
y = rho * x + np.sqrt(1 - rho**2)*np.random.normal(0, 1, n)
df = pd.DataFrame({
    'x.sign': np.sign(x),
    'y.sign': np.sign(y),
})
table = pd.crosstab(df['x.sign'], df['y.sign']) / n
print(table)
```

정리 1을 확장하여 다음을 얻는다.

정리 2. $X_1, X_2, \cdots, X_n$이 독립적으로 동일한 분포를 따르고 각각의 기대값과 분산이 $E(X_1) = \mu$, $E((X_1 - \mu)^2) = \sigma^2$이면

$$E(X_1 + X_2 + \cdots + X_n) = n\,\mu,$$

$$V(X_1 + X_2 + \cdots + X_n) = n\,\sigma^2$$

이다 (기대값에 관한 식은 $X_1, X_2, \cdots, X_n$이 독립이 아니어도 성립한다).

예 9. $X_1, X_2, \cdots, X_n$이 독립적으로 정규분포 $N(\mu, \sigma^2)$를 따르면 n개 변수들의 합 $S_n = X_1 + X_2 + \cdots + X_n$의 기대값과 분산은 각각 $n\mu$와 $n\sigma^2$이다. 특히 이 경우엔 $S_n \sim N(n\mu, n\,\sigma^2)$이고 $\overline{X}_n \sim N(\mu, \sigma^2/n)$이다.

예 5 [계속]. 음이항 분포의 기댓값과 분산: $X \sim \mathrm{NB}\,(m, p)$.

$\mathrm{NB}\,(m, p)$ 변수는 독립적인 m개의 geometric (p)의 합이다. 따라서

$$E(X) = \frac{m}{p}, \quad V(X) = m\,\frac{1-p}{p^2}\,.$$

다변량 정규분포(multivariate normal distribution)와 성질

p-변량 확률변수 $\vec{X} = (X_1, \cdots, X_p)$의 밀도함수는 다음과 같다 (정의).

$$f_{\vec{X}}(\vec{x}) = \frac{1}{\sqrt{(2\pi)^p \mid \Sigma \mid}} \exp\left(-\frac{1}{2}(\vec{x}-\vec{\mu})^t \Sigma^{-1}(\vec{x}-\vec{\mu})\right).$$

$\vec{X} \sim N_p(\vec{\mu}, \Sigma)$로 표기한다.

$\vec{X} = (X_1, \cdots, X_p)$를 두 부분으로 나누어 $\vec{X} = (\vec{X}_1, \vec{X}_2)$로 표기하고 상응하게 $\vec{\mu}$와 Σ를 분할하여 다음과 같이 표기하자.

$$\vec{\mu} = (\vec{\mu}_1, \vec{\mu}_2), \quad \Sigma = \begin{pmatrix} \Sigma_{11} & \Sigma_{12} \\ \Sigma_{21} & \Sigma_{22} \end{pmatrix}.$$

그러면 $\vec{X}_1$의 주변분포는 $N_{p_1}(\vec{\mu}_1, \Sigma_{11})$이고 $(p_1 = \dim(\vec{X}_1))$, $\vec{X}_1$가 주어진 $\vec{X}_2$의 조건부 분포는 $N_{p_2}(\vec{\mu}_{2.1}, \Sigma_{22.1})$이다 $(p_2 = \dim(\vec{X}_2))$. 여기서

$$\vec{\mu}_{2.1} := \vec{\mu}_2 + \Sigma_{21}\Sigma_{11}^{-1}(\vec{x}_1 - \vec{\mu}_1), \quad \Sigma_{22.1} = \Sigma_{22} - \Sigma_{21}\Sigma_{11}^{-1}\Sigma_{12}.$$

예 10. 3-변량 정규분포에서 기대값과 공분산이 $(0,0,0)$와 Σ라고 하자:

$$\Sigma = \begin{pmatrix} 1 & \rho & \rho \\ \rho & 1 & \rho \\ \rho & \rho & 1 \end{pmatrix}.$$

X_3에 조건화하여 (X_1, X_2)는 2-변량 정규분포를 따른다. 앞 공식에 넣으면

$$\Sigma_{11.3} = \Sigma_{11} - \Sigma_{13}\Sigma_{33}^{-1}\Sigma_{13}^t,$$

여기서 $\Sigma_{11} = \begin{pmatrix} 1 & \rho \\ \rho & 1 \end{pmatrix}$ and $\Sigma_{13} = \begin{pmatrix} \rho \\ \rho \end{pmatrix}$, $\Sigma_{33} = 1$.

$$\therefore \quad \Sigma_{11.3} = \begin{pmatrix} 1 & \rho \\ \rho & 1 \end{pmatrix} - \begin{pmatrix} \rho \\ \rho \end{pmatrix}(\rho \ \ \rho) = \begin{pmatrix} 1-\rho^2 & \rho-\rho^2 \\ \rho-\rho^2 & 1-\rho^2 \end{pmatrix}.$$

$$\mu_{1.3} = \begin{pmatrix} \mu_1 \\ \mu_2 \end{pmatrix} + \Sigma_{13}\Sigma_{33}^{-1}(x_3 - \mu_3) = \begin{pmatrix} \rho \\ \rho \end{pmatrix} x_3 = \rho \begin{pmatrix} x_3 \\ x_3 \end{pmatrix}.$$

이 조건부 분포에서 (X_1, X_2)간 상관은 $\frac{\rho}{1+\rho}$이다.

수치적분에 의한 기대값 계산

영역 R에서 설정된 확률변수 X가 연속형인 경우 $E[X]=\int_R x\,f_X(x)\,dx$는 일종의 적분이다. 앞에서 다룬 모든 경우들에서는 $g(x):=x\,f_X(x)$에 대한 역도함수 $G(x)$를 활용하여 정적분 $\int_R x\,f_X(x)\,dx$를 해석적으로 구할 수 있었다. 그런데 그럴 수 없는 경우가 있다.

다음 장에서 소개할 극단값 분포의 밀도함수는 다음과 같다.

$$f_X(x)=e^{-e^{-x}-x},\quad -\infty<x<\infty.$$

5장의 <그림 2>를 참조하라. 이 분포의 기대값은

$$E[X]=\int_{-\infty}^{\infty} x\,e^{-e^{-x}-x}\,dx \tag{1}$$

인데, $g(x):=x\,e^{-e^{-x}-x}$에 대한 역도함수는 찾아내기 힘들다. 이럴 때는 수치적분(numerical integral)이 유용하다.

구간 (a,b)에서 연속 함수 $g(x)$를 수치적으로 구해보자는 것인데 가장 단순한 수치적분은 직사각형 방법(rectangle method)이다.

먼저 구간 (a,b)를 n개로 등분하는데 그러면 1개 구간의 폭은 $h=(b-a)/n$이 되고 i번째 구간은 (x_i,x_{i+1})로 나타내진다 ($x_i=a+h(i-1)$, $i=1,\cdots,n$; $x_{n+1}=b$). 그러면

$$I=\sum_{i=1}^{n}\int_{x_i}^{x_{i+1}} g(x)\,dx$$

에 대한 직관적인 근사는 i번째 항 $\int_{x_i}^{x_{i+1}} g(x)\,dx$를 높이 $g(\frac{x_i+x_{i+1}}{2})$, 너비 h의 직사각형으로 간주하는 것이다.

$$I\simeq\sum_{i=1}^{n} g(\frac{x_i+x_{i+1}}{2})\,h\ \ (:=S).$$

이제 극단 값 분포의 기대값 (1)을 직사각형 방법으로 구해보자. 밀도함수 $f_X(x)$가 실수의 전 구간에서 설정되어 있지만 $(-20,30)$의 밖에서는 실제로 거의 0이

므로 $a=-20$, $b=30$ 으로 하였고 $n=5000$ 으로 하였다. 따라서 직사각형의 너비 $h=0.01$ 이 된 셈이다.

답은 0.5772157이다. R에서 **integrate()** 함수가 더 좋은 방법으로 수치적분을 해내는데 이 방법도 같은 답을 주었다.

R 코딩:

```
# expected value of extreme value distribution
f <- function(x) exp(-x - exp(-x))
plot(f, -3, 7, ylim=c(0,0.5))

g <- function(x) x * f(x)

rectangle <- function(g,a,b,n){
  y <- g(a+(b-a)/(2*n)*seq(1,2*n-1,2))
  s <- sum(y)*(b-a)/n
  return(s)
}

n <- 5000
rectangle(g,-20,30, n)  ## 0.5772157
integrate(g, -Inf, Inf) ## 0.5772157 with absolute error < 1.3e-05
```

Python 코딩:

```
# Expected value of extreme value distribution
import numpy as np
import matplotlib.pyplot as plt
from scipy.integrate import quad

def f(x):
    return np.exp(-x - np.exp(-x))
def g(x):
    return x * f(x)
```

```
def rectangle(g, a, b, n):
    x = np.linspace(a, b, n+1)
    midpoints = (x[:-1] + x[1:]) / 2
    y = g(midpoints)
    s = np.sum(y) * (b - a) / n
    return s

n = 5000
approximation = rectangle(g, -20, 30, n)
print(f'Rectangle approximation: {approximation}')

# Using scipy to integrate
result, error = quad(g, -np.inf, np.inf)
print(f'Scipy integration result: {result} with absolute error < {error}')
```

연습문제

1. 이항분포 $B(n,p)$의 분산이 npq임을 보여라 $(q=1-p)$.

2. 포아송 분포 Poisson(θ)의 분산이 θ임을 보여라.

3. 정규분포 $N(\mu,\sigma^2)$의 분산이 σ^2임을 보여라.

4. 지수분포 exponential(θ)의 분산이 θ^2임을 보여라.

5장. 확률분포의 수렴

이 장에서 우리는 확률 변수의 열 $\{Z_n\}$이 어떤 값에 수렴하거나 분포적으로 수렴하는 현상을 다룰 것이다. 그 유명한 중심극한정리를 소개한다.

평균제곱 수렴(convergence in mean square): 정의

$E((Z_n - Z)^2) \to 0$ 이면 $Z_n \to Z$ in mean square.

우리말로 바꾸면, Z_n이 Z에 평균제곱 수렴한다.

확률 수렴(convergence in probability): 정의

$P(|Z_n - Z| > \epsilon) \to 0$ 이면 $Z_n \to Z$ in probability.

우리말로 바꾸면, Z_n이 Z에 확률 수렴한다.

정리: Z_n이 Z에 평균제곱 수렴하면 Z_n이 Z에 확률 수렴한다.

증명. 임의의 $\epsilon > 0$에 대하여

$$\begin{aligned} E((Z_n - Z)^2) &\geqq E((Z_n - Z)^2 \cdot I(|Z_n - Z| \geqq \epsilon)) \\ &\geqq E(\epsilon^2 \cdot I(|Z_n - Z| \geqq \epsilon)) \\ &= \epsilon^2 \cdot P(|Z_n - Z| \geqq \epsilon). \end{aligned}$$

$n \to \infty$ 로 증가시키면 부등식의 좌변이 0으로 축소된다(가정에 의해). 따라서 $n \to \infty$ 로 증가시키면 부등식의 우변도 0으로 축소된다.

큰 수의 법칙 law of large numbers

$X_1, X_2, X_3, \cdots$ 이 독립적으로 같은 분포 F를 따르는(independently identically distributed, i.i.d.) 확률변수들의 수열이라고 하자. 분포 F가 기대값 μ와 유한 분산 σ^2을 갖는 경우

$\overline{X}_n \to \mu$ in mean square & in probability,

여기서 $\overline{X}_n := \frac{1}{n}(X_1 + X_2 + \cdots + X_n)$, 즉 표본평균이다. [$\overline{X}_n$가 앞의 Z_n이다]

증명. $E((\overline{X}_n - \mu)^2) = E((\frac{1}{n}\sum_{i=1}^{n}(X_i - \mu))^2) = \frac{1}{n^2}\sum_{i=1}^{n}E((X_i - \mu)^2) = \frac{1}{n}\sigma^2$.

따라서 $\overline{X}_n \to \mu$ in mean square, 그리고 $X_n \to X$ in probability.

예 1. $X_1, X_2, X_3, \cdots \sim$ i.i.d. Bernoulli(p)라고 하자. 큰 수의 법칙에 따라

$$\overline{X}_n \to p \text{ in mean square \& in probability},$$

여기서 $\overline{X}_n := \frac{1}{n}(X_1 + X_2 + \cdots + X_n)$은 표본비율이다. $X_1, X_2, X_3, \cdots$ 이 각각 0 또는 1이므로.

예 2. $X_1, X_2, X_3, \cdots \sim$ i.i.d. $N(\mu, \sigma^2)$이라고 하자. 큰 수의 법칙에 따라

$$\overline{X}_n \to \mu \text{ in mean square \& in probability},$$

여기서 $\overline{X}_n := \frac{1}{n}(X_1 + X_2 + \cdots + X_n)$은 표본평균이다.

$X_1, X_2, X_3, \cdots \sim$ i.i.d. F라고 하더라도 큰 수의 법칙이 항상 성립하는 것은 아니다. F가 코시 분포라고 하자. 즉,

$$f_{X_i}(x) = \frac{1}{\pi(1+x^2)}, \quad -\infty < x < \infty \tag{1}$$

인 경우에는 유한한 기대값이 존재하지 않는다 (4장 참조). 따라서 코시 분포의 중앙점이 0이긴 해도 $\overline{X}_n \to 0$이진 않다. 여기서 증명은 않겠지만 다음이 팩트이다: $\overline{X}_n$은 앞의 코시 분포 (1)을 따른다 (0에 수렴하는 것이 아니라).

분포 수렴(convergence in distribution): 정의

Z_n의 분포함수를 $F_{Z_n}(z)$라고 하고 Z의 분포함수를 $F_Z(z)$라고 하자.

$$\lim_{n\to\infty} F_{Z_n}(z) = F(z), \quad F_Z(z)\text{가 연속인 모든 점 } z\text{에서}$$

이면 '$Z_n \to Z$ in distribution'이라고 한다.

중심극한정리 central limit theorem

$X_1, X_2, X_3, \cdots$ 이 독립적으로 같은 분포 F를 따르는(independently identically distributed, i.i.d.) 확률변수들의 수열이라고 하자. 분포 F가 기대값 μ와 유한 분산 σ^2을 가지면

$$\sqrt{n}(\overline{X}_n - \mu)/\sigma \to N(0,1) \text{ in distribution.}$$

적률생성함수(moment generating function)를 써서 증명할 수 있으나 여기서는 생략한다. 증명으로 확인하고자 한다면 수리통계학 교재를 보라.

예 3. $X_1, X_2, X_3, \cdots \sim$ i.i.d. Bernoulli(p)라고 하자. 베르누이 분포의 기대값이 p, 분산이 $\sigma^2 = p(1-p)$이므로, 중심극한정리에 따라

$$\sqrt{n}(\overline{X}_n - p)/\sqrt{p(1-p)} \to N(0,1) \text{ in distribution}$$

이다. 여기서 $\overline{X}_n := \frac{1}{n}(X_1 + X_2 + \cdots + X_n)$은 표본비율이다.

예 4. $X_1, X_2, X_3, \cdots \sim$ i.i.d. uniform$(0,1)$이라고 하자. 균일분포$(0,1)$의 기대값과 분산이 각각 $\frac{1}{2}$와 $\frac{1}{12}$이므로, 중심극한정리를 적용하면

$$\sqrt{n}(\overline{X}_n - 0.5)/\sqrt{1/12} \to N(0,1) \text{ in distribution}$$

이다. 여기서 $\overline{X}_n := \frac{1}{n}(X_1 + X_2 + \cdots + X_n)$은 표본평균이다. 중심극한정리는 $\overline{X}_n$의 분포가 대략 $N(\frac{1}{2}, \frac{1}{12n})$임을 알려준다.

n이 10인 표본을 $N(=1000)$번 추출하는 몬테칼로 시뮬레이션으로 중심극한정리를 확인해보자. <그림 1>이 출력인데 히스토그램은 시뮬레이션으로 얻는 빈도분포이고 실선은 중심극한정리로 기대되는 정규분포이다.

R 코딩:

```
# numerical demonstration of central limit theorem
n <- 10
N <- 1000
```

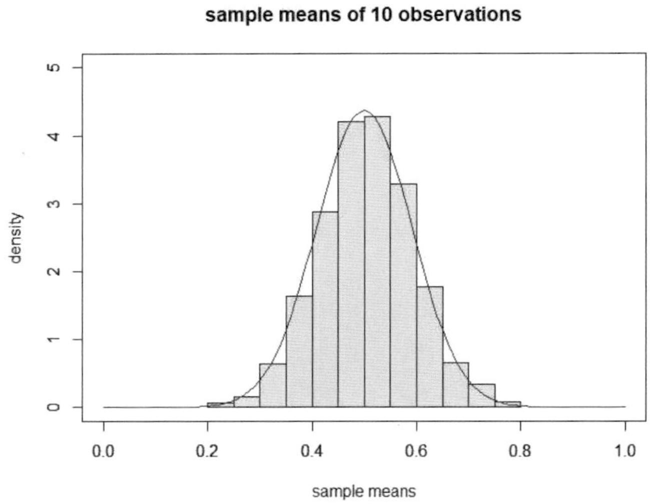

<그림 1> 균일분포 $(0,1)$ 표본평균의 시뮬레이션 분포: $n=10$.

```
X <- matrix(runif(N*n), N, n)
means <- apply(X, 1, mean)
hist(means, xlim=c(0,1), ylim=c(0,5), freq=FALSE,
   xlab="sample means", ylab="density",
    main=paste("sample means of", n, "observations"))
par(new=TRUE)
density <- dnorm(seq(0,1,0.01), mean=0.5, sd=sqrt(1/12/n))
plot(density ~ seq(0,1,0.01), xlim=c(0,1), ylim=c(0,5),
    type="l", col="blue", xlab="", ylab="", main="")
```

Python 코딩:

```
# numerical demonstration of central limit theorem
import numpy as np
import matplotlib.pyplot as plt
from scipy.stats import norm

n = 10
N = 1000
X = np.random.uniform(0, 1, (N, n))
```

```
means = np.mean(X, axis=1)

# Plot histogram of sample means
plt.hist(means, bins=30, range=(0,1), density=True, alpha=0.7,
label='Sample Means')
plt.xlim(0, 1)
plt.ylim(0, 5)
plt.xlabel("sample means")
plt.ylabel("density")
plt.title(f"Sample means of {n} observations")

# Overlay the normal distribution
density_x = np.linspace(0, 1, 100)
density_y = norm.pdf(density_x, loc=0.5, scale=np.sqrt(1/(12*n)))
plt.plot(density_x, density_y, 'b-', label='Normal Distribution')
plt.legend()
plt.show()
```

이항분포의 극한

S_n ~ 이항분포 $B(n, p_n)$의 극한을 생각하여 보자. 그런데 성공확률 $p_n = \frac{\theta}{n}$ 이라고 하자.

$$\begin{aligned} P(S_n = s) &= \binom{n}{s} p_n^s (1-p_n)^{n-s} = \frac{n!}{s!(n-s)!} p_n^s (1-p_n)^{n-s} \\ &= \frac{1}{s!} n(n-1) \cdots (n-s+1) p_n^s (1-p_n)^{n-s} \\ &= \frac{1}{s!} (n p_n)((n-1)p_n) \cdots ((n-s+1)p_n)(1-p_n)^{n-s} \\ &\to \frac{1}{s!} \theta \theta \cdots \theta e^{-\theta} = \frac{\theta^s}{s!} e^{-\theta}, \end{aligned}$$

왜냐하면 $(1-p_n)^{n-s} = (1-\frac{\theta}{n})^{n\frac{(n-s)}{n}} \to e^{-\theta \cdot 1}$이기 때문. 따라서

$$S_n \to \text{Poisson}(\theta) \text{ in distribution.}$$

다시 말하여, 이항분포 $B(n, p_n)$의 극한은 포아송 분포이다. 여기서 $p_n = \frac{\theta}{n}$.

이번에는 이항분포 $B(n, p_n)$의 다른 극한을 다룰 것이다. 앞에서와 달리 성공확률 p_n이 n과 무관한 고정 값 p라고 하자. $B(n,p)$ 분포를 따르는 확률변수 S_n이 베르누이 분포 Bernoulli(p)를 따르는 n개 i.i.d. 변수들 $X_1, X_2, \cdots, X_n$의 합으로 표현됨에 착안하자. 즉,

$$S_n = X_1 + X_2 + \cdots + X_n \,.$$

$X_1, X_2, \cdots, X_n$에 적용하여 중심극한정리를 그대로 쓰면

$$\sqrt{n}(\overline{X}_n - \mu)/\sigma \;\; \to N(0,1)$$

인데 여기서 $\mu = p$이고 $\sigma^2 = p(1-p)$이다. $S_n = n\,\overline{X}_n$이므로

$$\frac{1}{\sqrt{np(1-p)}}(S_n - np) \to N(0,1) \text{ in distribution.}$$

이것은 S_n의 분포가 대략 기대값이 np이고 분산이 $np(1-p)$인 정규분포임을 의미한다.

이항분포 $B(n,p)$를 포아송 분포와 정규분포로 근사한 수치적 결과를 보자. 정규분포 근사에서는 정수 값 s에 대한 확률로 정규분포 구간 $(x-0.5,\, x+0.5)$에 대한 정규분포 확률을 썼다. n을 100으로 고정하였다. 다음은 $p = 0.01$인 경우이다 $(\theta = 1)$.

s	poisson	normal	binomial
0	0.368	0.242	0.366
1	0.368	0.385	0.370
2	0.184	0.242	0.185
3	0.061	0.060	0.061
4	0.015	0.006	0.015
5	0.003	0.000	0.003
6	0.001	0.000	0.000
7	0.000	0.000	0.000
8	0.000	0.000	0.000

포아송 근사가 정규 근사에 비하여 결과가 좋다.

$p = 0.1$ 로 바꾸면 $(\theta = 10)$,

s	poisson	normal	binomial
0	0.000	0.001	0.000
1	0.000	0.002	0.000
2	0.002	0.004	0.002
3	0.008	0.009	0.006
4	0.019	0.018	0.016
5	0.038	0.033	0.034
6	0.063	0.055	0.060
7	0.090	0.081	0.089
8	0.113	0.106	0.115
9	0.125	0.125	0.130
10	0.125	0.132	0.132
11	0.114	0.125	0.120
12	0.095	0.106	0.099
13	0.073	0.081	0.074
14	0.052	0.055	0.051
15	0.035	0.033	0.033
16	0.022	0.018	0.019
17	0.013	0.009	0.011
18	0.007	0.004	0.005
19	0.004	0.002	0.003
20	0.002	0.001	0.001

결론: $p = 0.01$ 인 경우엔 포아송 근사가 우수하지만, $p = 0.1$ 인 경우엔 정규 근사가 우수하다.

극단값 분포(extreme value distribution)

$X_1, X_2, X_3, \cdots \sim$ i.i.d. exponential(θ) 인 상황에서

$$Z_n = \max(X_1, X_2, \cdots, X_n) - \theta \log_e n$$

의 분포적 수렴을 찾아보자.

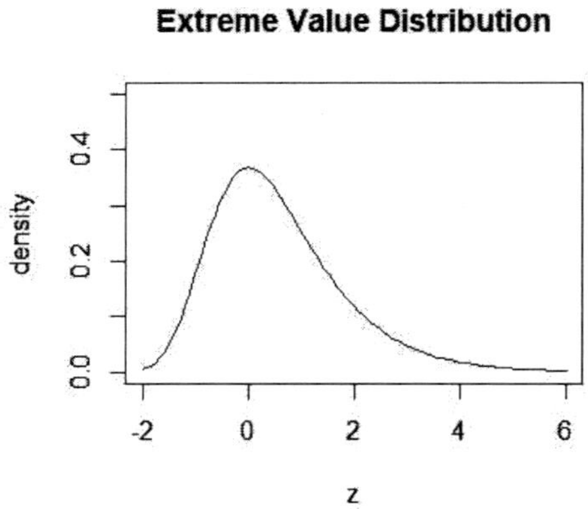

<그림 2> $\theta = 1$ 인 극단값 분포의 밀도함수

$$
\begin{aligned}
P(Z_n \leqq z) &= P(\max(X_1, X_2, \cdots, X_n) \leqq \theta \log_e n + z) \\
&= \prod_{i=1}^{n} P(X_i \leqq \theta \log_e n + z) \\
&= \left(1 - e^{-\frac{1}{\theta}(\theta \log_e n + z)}\right)^n = \left(1 - \frac{1}{n} e^{-\frac{z}{\theta}}\right)^n \\
&\to \quad e^{-e^{-\frac{z}{\theta}}}, \quad -\infty < z < \infty .
\end{aligned}
$$

이 분포가 극단값 분포(extreme value distribution)이다. pdf는

$$
h_Z(z) = \frac{d}{dz} e^{-e^{-\frac{z}{\theta}}} = \frac{1}{\theta} e^{-e^{-\frac{z}{\theta}}} e^{-\frac{z}{\theta}} = \frac{1}{\theta} e^{-e^{-\frac{z}{\theta}} - \frac{z}{\theta}}, \; -\infty < z < \infty .
$$

<그림 2>를 보라.

극단값 분포의 모의시행: $\theta = 1$ 인 경우,

$$
Z_n = \max(X_1, X_2, \cdots, X_n) - \theta \log_e n
$$

의 분포를 충분히 큰 n(예컨대 $n = 100$)에서 $N(=1000)$번의 반복시행으로 찾아보자. <그림 3>의 히스토그램이 그 결과이다.

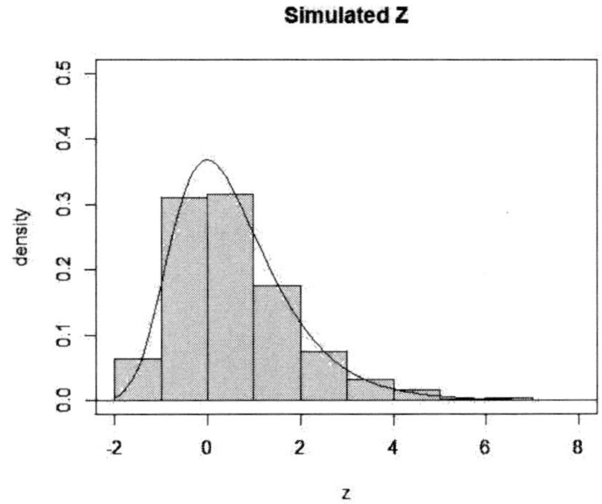

<그림 3> 모의시행 근사 $(n=100)$로 구한 극단값 분포

R 코드:

```
# extreme value distribution
h <- function(z) exp(-exp(-z)-z)
N <- 1000
n <- 100
S <- matrix(rexp(N*n), N, n)
z <- apply(S, 1, max) - log(n)
hist(z, xlim=c(-2,8), freq=FALSE, ylim=c(0, 0.5), ylab="density", main="... Z")
par(new=T)
curve(h, xlim=c(-2,8), ylim=c(0, 0.5), xlab="", ylab="")
```

Python 코드:

```
# extreme value distribution
import numpy as np
import matplotlib.pyplot as plt
def h(z):
    return np.exp(-np.exp(-z) - z)
N = 1000
n = 100
S = np.random.exponential(size=(N, n))
z = np.max(S, axis=1) - np.log(n)
```

```
plt.hist(z, bins=30, range=(-2,8), density=True, alpha=0.5, label="Histogram of Z")

x = np.linspace(-2, 8, 400)
y = h(x)
plt.plot(x, y, color='red', label='h(z) curve')
plt.xlim(-2, 8)
plt.ylim(0, 0.5)
plt.xlabel("Z")
plt.ylabel("Density")
plt.title("Histogram of Z")
plt.legend()
plt.show()
```

토픽: 몬테칼로 적분(Monte-carlo integration)

큰 수의 법칙은 다음과 같이 확장된다 (Uniform law of large numbers). $g(x)$를 연속함수라고 할 때, $Y_i := g(X_i),\ i=1,\cdots,n$에 대하여

$$\overline{Y}_n \to \mu_Y \text{ in mean square \& in probability,}$$

여기서 $\mu_Y = E(Y) = E(g(X))$이다. 즉,

$$\frac{1}{n}\sum_{i=1}^{n} g(X_i) \ \to\ E(g(X)) \text{ in mean square \& in probability.}$$

이 정리는 몬테칼로 적분에 응용된다. 다음은 이 방법이 적용되는 한 경우이다.

목적이 정적분 $I := \int_0^1 g(x)dx$를 산출하는 데 있다고 하자. I는 확장된 큰 수의 법칙에 의하여

$$\frac{1}{n}\sum_{i=1}^{n} g(X_i), \quad X_1, X_2, \cdots, X_n \sim \text{uniform}(0,1)$$

로 근사된다. $Y := g(X)$로 정의하고 이것의 n개 실현을 $Y_1, Y_2, \cdots, Y_n$로 표기하면 다음이 성립하기 때문이다.

$$\frac{1}{n}\sum_{i=1}^{n} Y_i \ \to\ E(Y), \quad E(Y) = E(g(X)) = \int_0^1 g(x)dx\,.$$

예 3. 목적이 $I := \int_0^1 \sqrt{1-x^2}\,dx$를 산출하는 데 있다고 하자 (사실 이 정적분 값은 반경이 1인 원의 $\frac{1}{4}$인 $\pi/4\,(=0.7854)$이다). 위 이론에 따라

1) $x_1, x_2, \cdots, x_n$을 uniform $(0,1)$ 분포에서 생성한다.

2) x_i를 $y_i := g(x_i)$, $i=1, \cdots, n$으로 변환한다. 여기서 $g(x) = \sqrt{1-x^2}$.

3) I의 근사값으로 $\tilde{I} = \frac{1}{n}\sum_{i=1}^{n} y_i$을 쓴다.

R 코딩:

```
# computing numerical approximation of pi/4
g <- function(x) sqrt(1-x^2)
n <- 10000
x <- runif(n,0,1)
y <- g(x)
I <- sum(y)/n
round(I,4)              # 0.7837
```

$n = 10{,}000$으로 얻은 근사값 $\tilde{I}$가 0.7837이다. 정확한 수치 값이 0.7854인 것을 감안하면 소수점 아래 3째 자리에서 약간의 차이가 있다. n을 100배하여 10^6으로 바꾸면 $\tilde{I}$가 소수점 아래 한 자리 더 정확해진다.

앞의 방법은 확장가능하다. 이번엔 목적이 정적분 $\int_a^b g(x)\,dx\ (:= I)$이라고 하자. $I = (b-a)\int_a^b g(x)\frac{1}{b-a}\,dx$이고 $f(x) := \frac{1}{b-a}$, $a < x < b$가 uniform (a,b)의 밀도함수이므로 I가

$$(b-a)\cdot\frac{1}{n}\sum_{i=1}^{n} g(X_i), \quad X_1, X_2, \cdots, X_n \sim \text{uniform}\,(a,b)$$

로 근사된다.

예 3. 목적이 $I := \int_{-1}^{1} \frac{1}{\sqrt{2\pi}} e^{-\frac{x^2}{2}}\,dx$를 산출하는 데 있다고 하자 ($I$는 표준정규분포에서 $(-1,1)$의 확률로 정확한 수치 값은 0.6827이다). 위 이론에 따라

1) $x_1, x_2, \cdots, x_n$을 uniform $(-1,1)$ 분포에서 생성한다.

2) $y_i := g(x_i),\ i = 1, \cdots, n$ 으로 변환한다. 여기서 $g(x) = \dfrac{1}{\sqrt{2\pi}} e^{-\frac{x^2}{2}}$.

3) I의 근사값으로 $\tilde{I} = 2 \cdot \dfrac{1}{n} \sum_{i=1}^{n} y_i$ 을 쓴다.

R 코딩:

```
# normal distribution probability
g <- function(x) 1/sqrt(2*pi)*exp(-x^2/2)
n <- 10000
x <- runif(n,-1,1)
y <- g(x)
I <- 2*sum(y)/n
round(I,4)                    # 0.681
round(pnorm(1)-pnorm(-1),4)  # 0.6827
```

$n = 10{,}000$ 으로 얻은 근사값 $\tilde{I}$가 0.6810이다. 정확한 수치값이 0.6827인 것을 감안하면 소수점 아래 3째 자리에서 약간의 차이가 있다. n을 100배하여 10^6 으로 바꾸면 $\tilde{I}$가 소수점 아래 한 자리 더 정확해진다.

연습문제

1. 지진이 포아송 분포에 따라 연평균 0.3회 발생한다고 하자. $10\,(=n)$ 년 기간 최대 발생수/년의 분포를 구하라.

2. [2장 2번의 계속] 동전을 던져 앞면(확률 0.5)이면 $X \sim B(8, 0.25)$ 를 얻고 뒷면(확률 0.5)이면 $X \sim B(8, 0.75)$ 를 얻는 상황에서 크기 $n\,(=100)$ 표본의 평균은 대략 어떤 분포를 따르는가?

3. 지수분포 exponential$\,(1)$로부터 크기 $n\,(=10, 160)$의 임의표본을 취한다고 하자. 표본 평균의 경험적 분포(히스토그램)를 $N(=1000)$번의 몬테칼로 모의시행으로 산출하라. 그리고 그 위에 중심극한정리에 의해 기대되는 정규분포의 밀도함수를 덧붙여라. 표본 크기에 따라 근사의 정도가 어떻게 다른가?

6장. 여러 확률분포와 모의시행

이제까지도 여러 확률분포를 접한 바 있다. 이산형으로는 베르누이 분포, 이항분포, 기하분포, 음이항분포, 포아송 분포 등이 있었고 연속형으로는 균일분포, 삼각분포, 지수분포, 정규분포, 베타 분포, 코시 분포, 감마 분포 등이 있었다. 이 장에서 <확률과 통계>의 기본적 이해에 필요한 몇 개의 확률분포를 더 만나게 될 것이다. 그리고 이들 분포를 몬테칼로 모의시행으로 생성시켜볼 것이다.

카이제곱 분포(chi-square distribution): $S \sim \chi^2(k)$, k는 자유도

$Z_1, Z_2, Z_3, \cdots \sim$ i.i.d. $N(0,1)$일 때 $S := Z_1^2 + Z_2^2 + \cdots + Z_k^2 \sim \chi^2(k)$.

밀도함수: $f_S(s\,;k) = \dfrac{1}{\Gamma(k/2)\,2^{k/2}}\, s^{\frac{k}{2}-1} e^{-\frac{s}{2}}$, $s > 0$; $k = 1, 2, 3, \cdots$.

기대값: $E(S) = k$, $V(S) = 2k$.

* 감마 분포 $\Gamma(\alpha, \beta)$에서 $\alpha = \dfrac{k}{2}$, $\beta = 2$인 경우이다.

* 아래 그래프는 자유도 $k = 5$의 카이제곱 분포의 밀도함수이다. 오른쪽으로 꼬리를 길게 뻗었다.

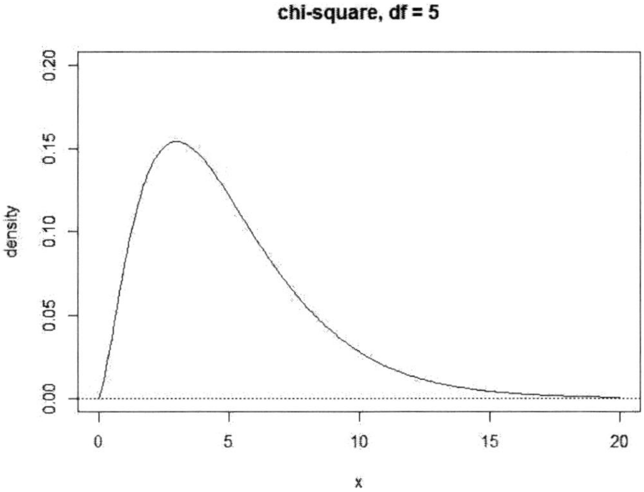

t-분포 (t-distribution): $T \sim t(k)$, k는 자유도

$Z \sim N(0,1)$, 독립적으로 $S \sim \chi^2(k)$일 때 $T := \dfrac{Z}{\sqrt{S/k}} \sim t(k)$.

밀도함수: $f_T(t;k) \propto (1+\dfrac{t^2}{k})^{-\frac{k+1}{2}}$, $-\infty < t < \infty$; $k = 1, 2, 3, \cdots$.

기대값: $E(T) = 0$, $V(T) = \dfrac{k}{k-2}$, $k > 2$.

* 아래 그래프는 자유도 $k=5$의 t-분포의 밀도함수이다 (점선은 표준정규분포). 좌우 대칭으로 정규분포와 유사하지만 꼬리가 두껍다(thick-tail).

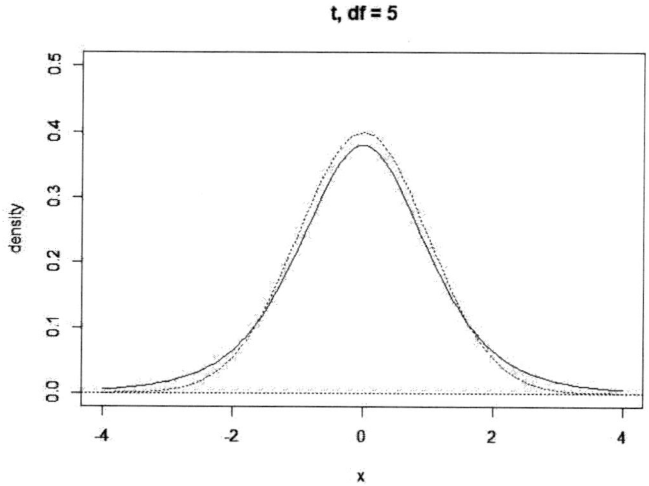

F-분포 (F-distribution): $F \sim F(m,n)$, m,n은 분자 자유도와 분모 자유도

$V \sim \chi^2(m)$, 독립적으로 $W \sim \chi^2(n)$일 때 $F := \dfrac{V/m}{W/n} \sim F(m,n)$.

밀도함수: 너무 복잡

기대값: $E(F) = \dfrac{n}{n-2}$, $n > 2$.

* 다음 그래프는 $m=5$, $n=5$의 F-분포에 대하여 밀도함수를 그린 것이다. F-분포의 중심은 1 근처이다.

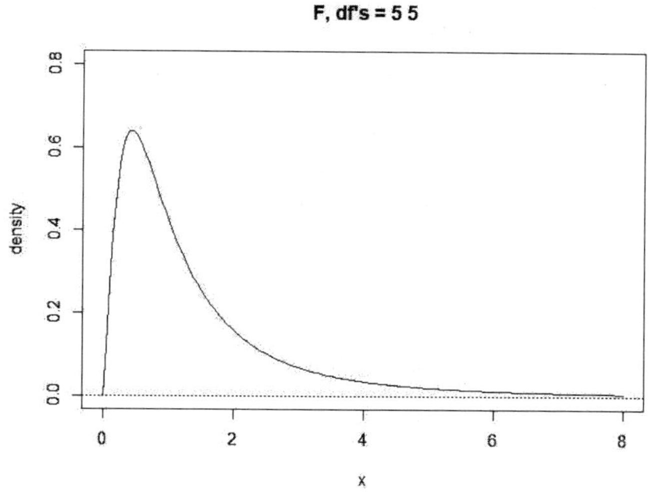

베타 분포 (beta-distribution): $X \sim \text{beta}(\alpha, \beta)$, $\alpha > 0$, $\beta > 0$.

$$U \sim \chi^2(m),\ V \sim \chi^2(n) \Rightarrow X := \frac{U}{U+V} \sim \text{beta}(\frac{m}{2}, \frac{n}{2}).$$

밀도함수: $$f_X(x) = \frac{\Gamma(\alpha+\beta)}{\Gamma(\alpha)\Gamma(\beta)} x^{\alpha-1}(1-x)^{\beta-1},\ 0 < x < 1.$$

기대값: $E(X) = \frac{\alpha}{\alpha+\beta}$, $V(X) = \frac{\alpha\beta}{(\alpha+\beta)^2(\alpha+\beta+1)}$.

* $\alpha = \beta = 1$ 인 베타 분포는 균일분포 uniform$(0,1)$과 같다.

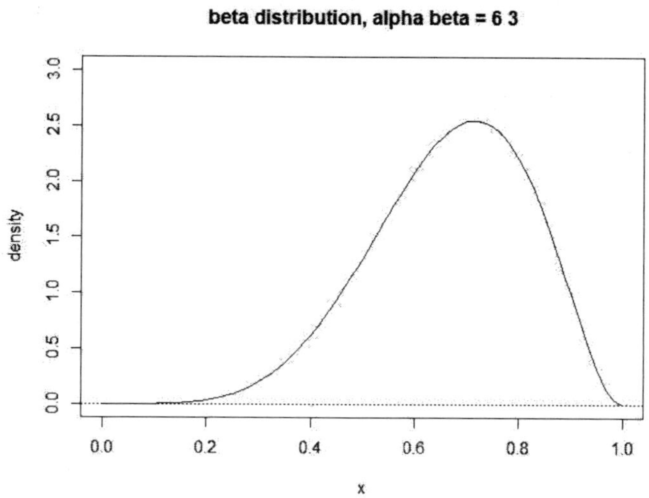

몬테칼로 모의시행(Monte Carlo simulation)은 확률변수를 인공적으로 실현해 내는 기법이다. 38칸의 원판을 돌리는 카지노 게임인 룰렛 roulette이 대표적이다. 과학적 탐구에는 컴퓨터를 활용한 몬테칼로 기법이 쓰인다.

R에는 균일분포 uniform(a, b)를 생성해내는 **`runif()`**라는 함수가 있다. 용법은

```
runif(n, a, b)
```

인데, 여기서 n이 표본크기, a는 확률이 정의되는 구간의 왼쪽 끝, b는 오른쪽 끝이다. 균일분포 확률변수의 모의생성은 아주 중요한데 그 이유는 다른 모든 확률분포가 균일분포로부터 유도될 수 있기 때문이다.

정리 1. 0과 1 사이 값을 취하는 함수 $F(x)$가 단조증가한다고 하자. Z가 균일분포 uniform$(0,1)$를 따르면 $X := F^{-1}(Z)$는 분포함수가 $F(x)$인 확률변수이다. 즉, $F_X(x) = F(x)$.

증명. $P(X \le x) = P(F^{-1}(Z) \le x) = P(Z \le F(x)) = F(x)$.

$\therefore\ F_X(x) = F(x)$.

예 1. $F(x) = 1 - e^{-x},\ x > 0$를 생각하자. 이 함수는 지수분포의 분포함수이다.

$$F^{-1}(z) = -\log_e(1-z)$$

이므로, $Z \sim$ uniform$(0,1)$일 때 $X := -\log_e(1-Z)$는 지수분포(1)을 따른다.

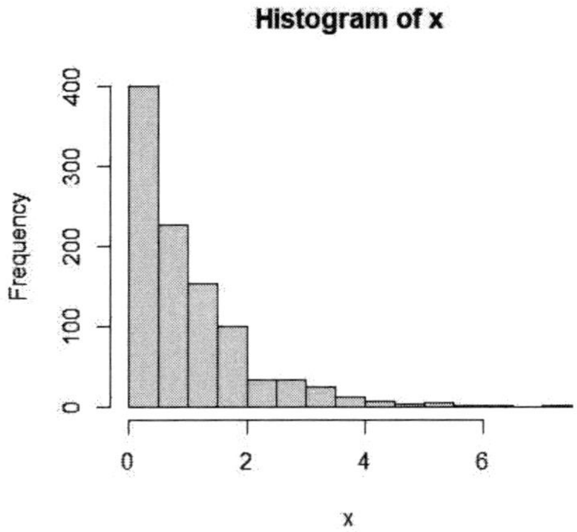

R 코딩.

```
# exponential distribution
n <- 1000
z <- runif(n, 0, 1)
x <- - log(1-z)
hist(x)
```

Python 코딩.

```
# exponential distribution
import numpy as np
import matplotlib.pyplot as plt
n = 1000
z = np.random.uniform(0, 1, n)
x = - np.log(1 - z)
fig, ax = plt.subplots(figsize=(6,4))
plt.hist(x, bins=np.arange(0, 9, 0.5), histtype="bar",
    color="lightgray", edgecolor="gray")
plt.title("histogram of exponential(1)")
plt.xlabel("x")
plt.show()
```

R에는 지수분포 exponential (θ)을 생성해내는 내장 built-in 함수가 있다: **rexp(n, rate)**, 여기서 **rate**는 θ의 역수이다 (즉, rate $= \frac{1}{\theta}$).

예 2. $F(x) = \frac{e^x}{1+e^x}$, $-\infty < x < \infty$는 단조증가하며 역함수는

$$F^{-1}(z) = \log_e \frac{z}{1-z}, \quad 0 < z < 1$$

이다. 따라서 $Z \sim$ uniform $(0,1)$일 때 $X := \log_e \frac{Z}{1-Z}$로 정의하면 X는 앞의 $F(x)$를 분포함수를 갖는 확률변수이다 (로지스틱 분포).

정규분포 $N(0,1)$의 분포함수는 깔끔하게 표현되지 않아서 앞의 예들에 활용된 분포함수의 역함수를 끌어들일 수 없다. 대신 다음 방법이 있다.

정리 2. $S \sim \chi^2(2)$, $\Theta \sim \text{uniform}(0, 2\pi)$

$$\Rightarrow X := \sqrt{S}\cos\Theta,\ Y := \sqrt{S}\sin\Theta \sim \text{독립적으로 } N(0,1).$$

증명은 생략한다. 그러나 다음 팩트들을 따라가면 이해가 될 것이다. X와 Y가 독립적으로 $N(0,1)$이면 $S := X^2 + Y^2$은 $\chi^2(2)$가 된다. X^2, Y^2이 독립적으로 각각 $\chi^2(1)$이기 때문이다. 그런데 $\chi^2(2)$의 밀도는 살펴보면 exponential (2)와 같다. 이변량 정규분포의 밀도의 등고선은 $x^2 + y^2 = c$ 형태이고 등고선 상에서 균일하므로, $\Theta \sim \text{uniform}(0, 2\pi)$라고 할 때 $X := \sqrt{S}\cos\Theta$, $Y := \sqrt{S}\sin\Theta$가 독립적인 $N(0,1)$ 확률변수이다.

R 코딩.

```
# normal distribution
n <- 500
u <- runif(n, 0, 1)
s <- -2 * log(1-u)
theta <- runif(n, 0, 2*pi)
x <- sqrt(s) * cos(theta)
y <- sqrt(s) * sin(theta)
z <- c(x, y)
hist(z, main="N(0,1)")
```

R에는 정규분포를 생성해내는 내장함수가 있다: `rnorm(n, mu, sigma)`.

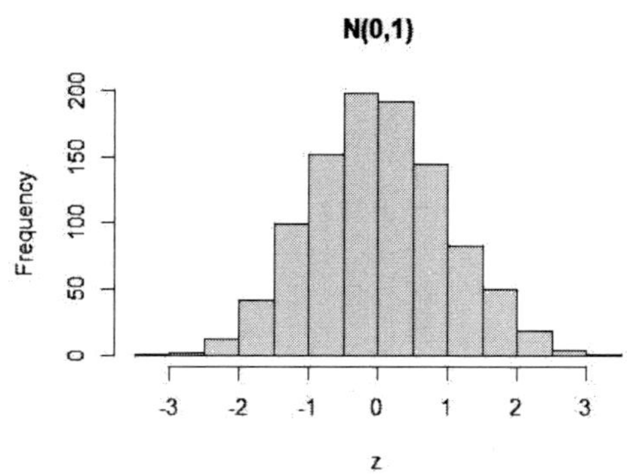

Python 코딩.

```
# normal distribution
import numpy as np
import matplotlib.pyplot as plt
n = 500
u = np.random.uniform(0, 1, n)
s = -2 * np.log(1 - u)
theta = np.random.uniform(0, 2 * np.pi, n)
x = np.sqrt(s) * np.cos(theta)
y = np.sqrt(s) * np.sin(theta)
z = np.concatenate((x, y))
fig, ax = plt.subplots(figsize=(6,4))
plt.hist(x, bins=np.arange(-3.5, 4, 0.5), histtype="bar",
    color="lightgray", edgecolor="gray")
plt.title("histogram of N(0,1)")
plt.xlabel("z")
plt.show()
```

이산형 확률변수: 일반적 이산형 확률분포로부터 임의표본을 끌어내보자.

$$X = \quad x_1, \ x_2, \ \cdots, \ x_m$$
$$\text{prob} = \quad p_1, \ p_2, \ \cdots, \ p_m$$

연속형의 균일분포로부터 이산적인 $X = x$를 p_x의 확률로 생성해내기 위해서 다음 알고리즘을 쓴다.

generate u from uniform $(0, 1)$.

if $u \leqq p_1$, then $X := x_1$.

else if $u \leqq p_1 + p_2$, then $X := x_2$.

else if $u \leqq p_1 + p_2 + p_3$, then $X := x_3$.

⋮

else $X := x_m$.

output X.

R 코딩 ($X = 1, 2, 3, 4$; $p = 0.4, 0.3, 0.2, 0.1$; 표본크기 $n = 1000$).

```
# discrete distribution
random <- function(size, prob) {
    x <- runif(size)
    y <- rep(0, size)
    cumulative <- cumsum(prob)
    for (i in 1:size) {
       y[i] <- min(which(x[i] < cumulative))
    }
    return(y)
}
prob <- c(0.4, 0.3, 0.2, 0.1)
table(random(size=1000, prob=prob))
##    1   2   3   4
##  412 313 184  91
```

대안적으로 R의 내장함수 **sample()**을 쓰는 방법도 있다.

```
prob <- c(0.4, 0.3, 0.2, 0.1)
x <- sample(1:length(prob), size=1000, replace=TRUE, prob=prob)
table(x)
##    1   2   3   4
##  407 305 192  96
```

Python 코딩.

```
# discrete distribution
import numpy as np
import pandas as pd
import random
prob = [0.4, 0.3, 0.2, 0.1]
def rnd(size, prob):
    x = [random.uniform(0, 1) for i in range(size)]
    y = [0] * size
    cumulative = list(np.cumsum(prob))
    for i in range(size):
        y[i] = min(j for j, p in enumerate(cumulative) if x[i] < p)
    return y
```

```
labels = pd.Series(rnd(size=1000, prob=prob))
labels.value_counts().sort_index()
# 0    398
# 1    299
# 2    206
# 3     97
```

기각추출 알고리즘(rejection sampling algorithm)

이 알고리즘은 아이디어가 참신하다. 확률변수 X를 모의생성해내는 것이 까다로운 경우에서 확률변수 X와 분포가 유사한 제 2의 확률변수 Z를 활용한다. 이 방법이 효과적이려면 Z의 생성이 쉬워야 한다.

$Z \sim f_Z(z)$, 그리고 $X \sim f_X(x)$라고 하자. 두 밀도함수의 비(比, ratio)가 유계(有界, bounded)되어 있다고 하자. 즉 다음을 상정한다. 적당한 $c > 0$에 대하여

$$r(z) := \frac{f_X(z)}{f_Z(z)} \leqq c, \quad \text{즉} \quad \frac{f_X(z)}{c \cdot f_Z(z)} \leqq 1.$$

기각추출 알고리즘:

generate z from $f_Z(z)$ and u from uniform $(0,1)$.

if $u \leqq \dfrac{f_X(z)}{c\, f_Z(z)}$, accept u as a value of X.

otherwise, reject it.

예 3. $\frac{1}{2}$정규분포(半----, half-normal distribution) 생성

지수분포 exponential (1) $f_Z(z) = e^{-z}$, $z > 0$을 활용하여 $\frac{1}{2}$정규분포

$$f_X(x) = \frac{2}{\sqrt{2\pi}} e^{-\frac{x^2}{2}}, \ x > 0$$

을 생성하여 보자.

$$r(z) := \frac{f_X(z)}{f_Z(z)} = \frac{2}{\sqrt{2\pi}} e^{-\frac{z^2}{2}} / e^{-z} = \sqrt{\frac{2e}{\pi}}\, e^{-\frac{(z-1)^2}{2}} \leqq \sqrt{\frac{2e}{\pi}}.$$

따라서 $c := \sqrt{2e/\pi}$ 로 한다. 그러므로 $\dfrac{f_X(z)}{c\, f_Z(z)} = e^{-\frac{(z-1)^2}{2}}$.

기각추출 알고리즘:

generate z from $f_Z(z) = e^{-z}$, $z > 0$ and u from uniform$(0, 1)$.

if $u \leqq e^{-\frac{(x-1)^2}{2}}$, accept u as a sample of X.

otherwise, reject it.

R 코드.

```
# rejection sampling
n <- 1000
z <- rexp(n, 1)
u <- runif(n)
ratio <- exp(-(z-1)^2/2)
x <- ifelse(u <= ratio, z, NA)
hist(x, nclass=20)
c(n = sum(!is.na(x)))
##   n
## 736
round(c(mean = mean(x, na.rm=TRUE), sd = sd(x, na.rm=TRUE)), 4)
##    mean     sd
##  0.7954 0.6185
```

참고: $\frac{1}{2}$정규분포의 이론적 기대값과 표준편차는 각각 $\sqrt{2/\pi}\,(= 0.7979)$와 $\sqrt{2 - \pi/4}\,(= 0.6028)$이다.

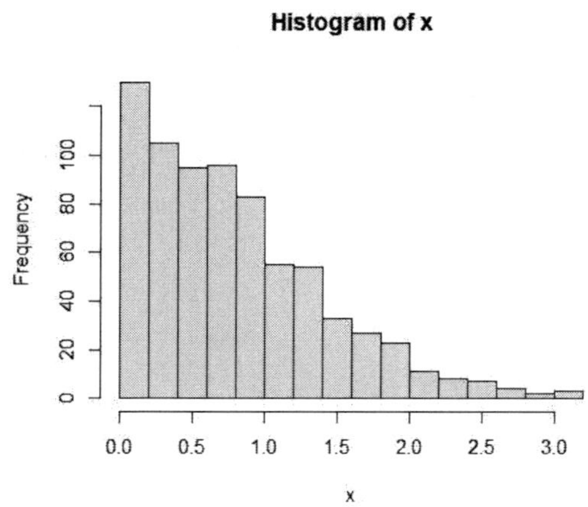

Python 코딩.

```
# rejection sampling
import numpy as np
import numpy as np
import matplotlib.pyplot as plt
import pandas as pd
n = 1000
z = np.random.exponential(scale=1.0, size=n)
u = np.random.uniform(size=n)
ratio = np.exp(-((z-1)**2)/2)
x = np.where(u <= ratio, z, np.nan)
n_valid = np.sum(~np.isnan(x))
print(f"n = {n_valid}")
mean_x = np.nanmean(x)
sd_x = np.nanstd(x)
print(f"mean = {round(mean_x, 4)}, sd = {round(sd_x, 4)}")
# n = 748
# mean = 0.8219, sd = 0.619
```

테크니컬 노트: 두 밀도의 비(ratio) $r(z) := \dfrac{f_X(z)}{f_Z(z)}$ 를 $r_0(z) := \dfrac{f_X^0(z)}{f_Z^0(z)}$ 로 대체해도 된다. 여기서 $f_X^0(z) \propto f_X(z)$, $f_Z^0(z) \propto f_Z(z)$이다. 즉 확률밀도의 총합을 1로 만드는 정규화 상수(normalizing constant)를 굳이 넣지 않아도 된다. 예컨대 앞의 예에서

$$f_X(x) \propto e^{-\frac{x^2}{2}}, \ x > 0$$

이므로

$$r(z) = \frac{e^{-\frac{z^2}{2}}}{e^{-z}} = e^{z - \frac{z^2}{2}} \le \sqrt{e}\,.$$

따라서 $\dfrac{e^{z-\frac{z^2}{2}}}{\sqrt{e}} = e^{z - \frac{z^2}{2} - \frac{1}{2}} = e^{-\frac{(z-1)^2}{2}}$의 확률로 제안된 z가 채택된다. ■

확률분포의 족보*

다음은 몬테칼로 생성기 관점에서 확률분포의 관계를 정리한 표이다. 화살표의 시발점은 근원분포이고 종착점은 목표분포이다. 예컨대 균일분포 uniform $(0,1)$을 써서 지수분포 exponential (1)을 생성해 낼 수 있다.

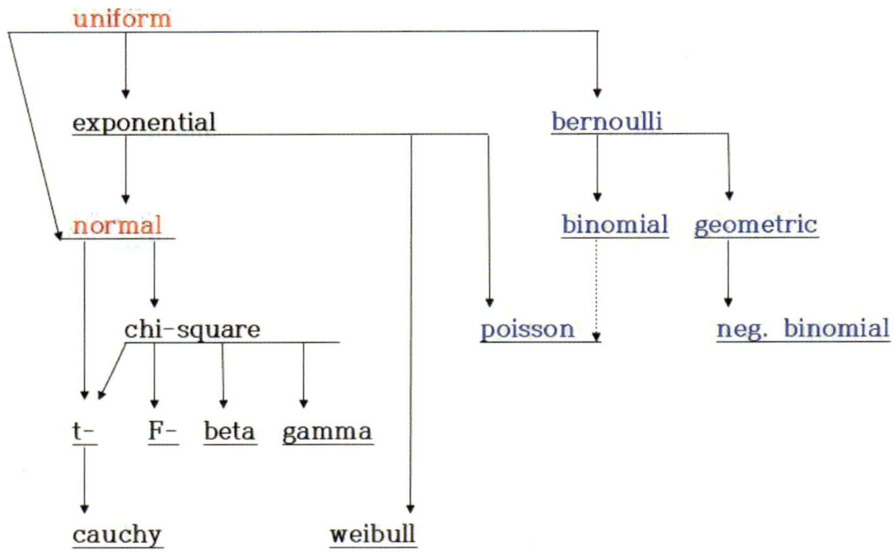

연습문제

1. 코시 분포의 분포함수는 $F(x) = \dfrac{1}{\pi}\tan^{-1}x + \dfrac{1}{2},\ -\infty < x < \infty$ 이다. 이를 활용하여 $n \geqq 1000$개 관측 값을 모의생성하고 0.025, 0.05, 0.25, 0.5, 0.75, 0.95, 0.975 분위수를 산출하라.

2. 기각추출의 방법으로 베타분포 beta $(\alpha = 4, \beta = 2)$로부터 $n \geqq 1000$개 관측 값을 모의생성하고 0.025, 0.05, 0.25, 0.5, 0.75, 0.95, 0.975 분위수를 산출하라.

7장. 통계적 기술

이 장은 통계적 기술(記述, description)의 기술(技術, technique)을 다룬다. 기술 방식에는 그래프(시각화)와 수치요약이 있다.

히스토그램(histogram): 목적은 연속형 변수의 분포를 살펴보는 데 있다. <그림 1>의 히스토그램은 두 개의 봉우리를 갖는 것이 분포적 특징이다. <그림 2.1>의 히스토그램은 오른 쪽으로 긴 꼬리를 갖는 것이 분포적 특성이다. 이처럼 히스토그램에서 분포적 특성을 파악하여 데이터 분석의 방향을 잡아간다.

<그림 1>의 히스토그램에서 2개의 봉우리(bimodal) 패턴이 나오는 이유는 데이터 원천(source)이 혼합체이기 때문이다. (실제로 자료 sub.oxford가 일 최고기온이 대비되는 2개 월(month, mo), 1월과 8월에 조건화되어있다.)

<그림 2.1>의 히스토그램은 1인당 GDP 자료를 시각화한 것인데 이처럼 기운 패턴(skewed pattern)을 보이는 이유는 저소득 국가가 대부분이고 고소득 국가는 소수이기 때문이지만 한편으로 척도의 문제일 수도 있다. 소득의 차이는 통상적으로 비(比, ratio)로 표현되므로 로그(log) 변환을 시도해본다.

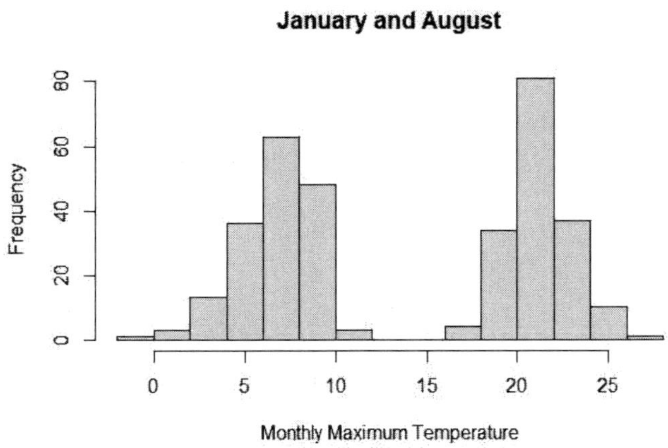

<그림 1> 히스토그램: 두 개의 봉우리(bi-modal, 쌍봉)

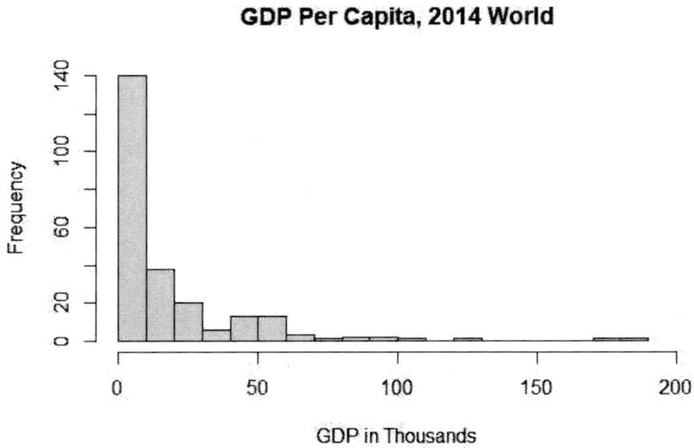

<그림 2.1> 히스토그램: 기운 형태(skewed pattern)

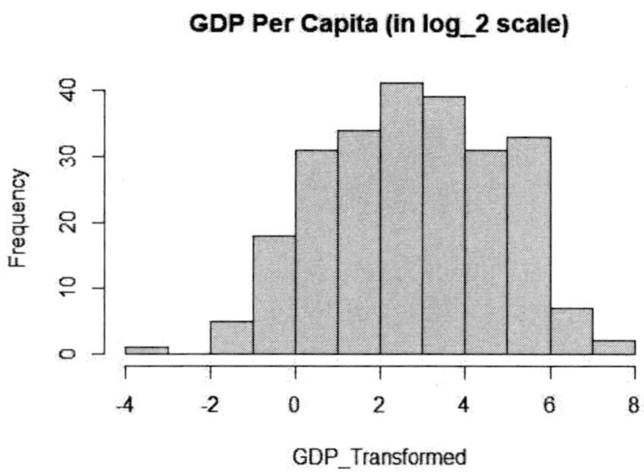

<그림 2.2> 히스토그램: 대칭적 형태(symmetric pattern)

<그림 2.2>는 밑수 2의 로그로 변환된 변수 $\log_2 X$의 히스토그램이다. 이제 분포가 중심이 있어 보이지 않은가? (로그 변환의 밑수를 2로 한 이유는 2배의 차이가 변환으로 1의 차이가 되기 때문이다. 즉 해석이 쉬어서이다).

이처럼 히스토그램은 연속형 변수의 다양한 분포 형태를 시각적으로 보여준다.

그렇기에 통계적 기술(description)의 초기 단계에서 매우 유용하다. 만약 형태가 비대칭적이라면 여러 변환을 적극적으로 시도해 볼 필요가 있다. 자료값이 양(陽, positive)이면서 오른 쪽으로 기운 분포에 대하여는 로그 변환이 추천된다.

R 코딩:

```
# Oxford Weather Data
weather <- read.csv("oxford_weather.csv")
str(weather)
sub.oxford <- subset(weather, mo == 1 | mo == 8)
str(sub.oxford)
hist(sub.oxford$tmax, xlab="Monthly Maximum Temperature",
   main="January and August")

# GDP of the world 2014
GDP <- read.csv("GDP_2014.csv")
str(GDP)
hist(GDP$GDP_PerCapita/1000, xlim=c(0,200), nclass=20,
   main="GDP Per Capita, 2014 World")
round(c(mean=mean(GDP$GDP_PerCapita), sd=sd(GDP$GDP_PerCapita)))
round(quantile(GDP$GDP_PerCapita, prob=c(0,0.25,0.5,.75,1)))

GDP_Transformed <- log(GDP$GDP_PerCapita/1000, 2)
hist(GDP_Transformed, main="GDP Per Capita (in log_2 scale)")
round(c(mean=mean(GDP_Transformed), sd=sd(GDP_Transformed)), 2)
round(quantile(GDP_Transformed, prob=c(0,0.25,0.5,.75,1)), 2)
```

평균(mean) m과 **표준편차**(standard deviation) s : 평균은 데이터를 대표하는 요약수치이다. 표준편차는 데이터의 퍼짐, 즉 산포(散布, spread)를 나타내는 요약수치이다. 데이터 값이 $x_1, x_2, \cdots, x_n$일 때, 평균 m과 표준편차 s는 각각

$$m := \frac{1}{n}(x_1 + x_2 + \cdots + x_n),$$

$$s := \sqrt{\frac{1}{n-1}\left\{(x_1 - m)^2 + (x_2 - m)^2 + \cdots + (x_n - m)^2\right\}}$$

로 정의된다. 분산 v는 표준편차 s의 제곱이다. 즉, $v = s^2$.

중위수(median, 중간값) med는 데이터 값들을 순서정렬하였을 때 중간에 위치한 데이터 값이다. 순서정렬된 데이터 값을 $x_{(1)}, x_{(2)}, \cdots, x_{(n)}$로 표기할 때, med는 다음으로 정의된다.

$$med := \begin{cases} x_{\left(\frac{n+1}{2}\right)}, & n\text{이 홀수일 때} \\ \frac{1}{2}\left(x_{\left(\frac{n}{2}\right)} + x_{\left(\frac{n}{2}+1\right)}\right), & n\text{이 짝수일 때} \end{cases}$$

평균 m과 중위수 med가 비슷하기도 하지만 전혀 다를 수도 있다. 후자의 경우엔 어느 것이 데이터의 대표로서 질적 자격이 있는가를 따져볼 필요가 있다.[1)]

다음은 "GDP_2014.csv" 데이터에서 1인당 GDP의 평균과 표준편차, 그리고 중위수 등을 보여준다. 평균 m이 17,420인데 중위수 med가 6,909로 큰 차이가 있다 (m이 med의 2.5배).

R 코딩 (계속):

```
# GDP of the world 2014
round(c(mean(GDP$GDP_PerCapita), sd(GDP$GDP_PerCapita)))
##   mean    sd
##  17430 26048
round(quantile(GDP$GDP_PerCapita, prob=c(0,0.25,0.5,.75,1)))
##     0%    25%    50%    75%   100%
##    123   2258   6909  21552 189162
```

p-**분위수**(p-quantile, p-분위수) $q(p)$는 데이터 값들을 크기 순서로 정렬하였을 때 $(n+1)p$에 위치를 추정한 값이다$(0 < p < 1)$. $p = 0.5$인 분위수가 중위수 $med\,(= q(0.5))$이다.

p-분위수 중에서 특히 중요한 2개는 아래 사분위수(lower quartile) $q(0.25)$와 위 사분위수(upper quartile) $q(0.75)$이다. 아래 사분위수는 작은 데이터 값들의 중간점이고 위 사분위수는 큰 데이터 값들의 중간점이다 (여기서 크고 작음의 경계점은 med이다).

---

1) 평균은 대표값들 중에서 대표적이지만 분포가 비대칭적인 경우엔 문제가 많다.

사분위수 범위(inter-quartile range) IQR은 $q(0.75)-q(0.25)$로 정의된다. 즉 두 사분위수 간 차이이다. IQR은 데이터의 퍼짐을 나타낸다. 그렇기에 산포의 측도로서 표준편차 s의 한 대안이다. "GDP_2014.csv" 데이터 사례에선 사분위수 간 차이보다는 사분위수의 비(ratio)인 $q(0.75)\,/\,q(0.25)$ $(=9.54)$가 산포의 측도로서 더 좋다. 소득에서 상위 25% 값을 하위 25% 값의 배(multiples)로 보여주므로 의미가 확 닿기 때문이다 (이것은 로그 변환에서 상위 25%와 하위 25% 간 차이(difference)를 보는 것과 같다).

Python 코딩:

```
# Oxford Weather Data
import pandas as pd
import numpy as np
import matplotlib.pyplot as plt
import statsmodels.api as sm

## Load the oxford weather data
oxford_weather = pd.read_csv('oxford_weather.csv')
oxford_weather.info()

## Select rows for January and August
sub_oxford = oxford_weather[oxford_weather['mo'].isin([1, 8])]
sub_oxford.info()
sub_oxford['tmax'].plot.hist(title='January and August')
plt.show()

## GDP of the world 2014
GDP = pd.read_csv("GDP_2014.csv")
GDP.info()

plt.hist(GDP["GDP_PerCapita"]/1000, bins=20, label="GDP Per Capita, 2014 World")
plt.show()

# Transform to log base 2 scale and plot the histogram
GDP_Transformed = np.log2(GDP['GDP_PerCapita'] / 1000)
plt.hist(GDP_Transformed, bins='auto')
```

```
plt.title('GDP Per Capita (in log_2 scale)')
plt.xlabel('Log_2 GDP Per Capita')
plt.ylabel('Frequency')
plt.show()

# Calculate and round mean and standard deviation
stats = GDP_Transformed.describe()[['mean', 'std']].round(2)
print(stats)

# Calculate and round quantiles
quantiles = GDP_Transformed.quantile([0, 0.25, 0.5, 0.75, 1]).round(2)
print(quantiles)
```

데이터 분석에서 그룹 간 비교는 자연스럽게 이슈가 된다. 남녀 간에 임금의 차이가 있는지, 지역 간 학업성취도의 차이가 있는지 … 등등. 이것을 해내기 위해서는 그룹 별 수치요약을 하고 이때 산출된 수치요약들을 비교한다.

상자그림(box plot)이 그룹 간 비교의 시각화이다. 이 그림에서 그룹 별로 상자의 중앙선이 중위수이고 상자의 양 끝이 하위 25% 및 상위 25% (즉 75%) 분위수이다. 특이점(outlier)이 상자에 이어진 선의 양 끝 너머 빈 점들로 표출된다.[2)]

다음은 sub.oxford 데이터에 적용된 R 코딩과 결과이다. 월별 수치요약을 산출하였고 상자그림을 산출하였다. <그림 3>에서 최고기온이 월별로 얼마나 다른지를 볼 수 있다.

R 코딩 (계속):

```
# Oxford Weather Data
grp_1 <- round(quantile(sub.oxford$tmax[sub.oxford$mo==1]), 1)
grp_8 <- round(quantile(sub.oxford$tmax[sub.oxford$mo==8]), 1)
rbind(grp_1, grp_8)
##         0%  25%  50%  75% 100%
## grp_1 -0.2  5.5  6.8  8.4 10.4
## grp_8 17.1 20.1 21.2 22.4 26.4
```

2) 특이점은 $(q(0.25) - 1.5\,\mathrm{IQR},\ q(0.75) + 1.5\,\mathrm{IQR})$ 바깥의 관측값이다.

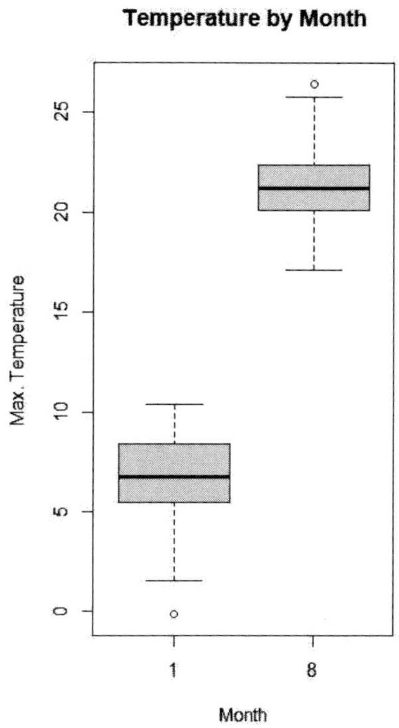

<그림 3> sub.oxford 데이터의 상자그림: 1월과 8월의 비교

```
boxplot(sub.oxford$tmax ~ sub.oxford$mo,
   xlab="Month", ylab="Max...", main="Temperature by Month")
```

Python 코딩 (계속):

```
## Oxford Weather Data: mean and sd, by group
import seaborn as sns

mean = round(sub_oxford.groupby("mo")["tmax"].mean(), 1)
mean.index = ["January", "August"]
sd = round(sub_oxford.groupby("mo")["tmax"].std(), 1)
sd.index = ["January", "August"]
pd.concat([mean, sd], axis=1)

sns.boxplot(x=sub_oxford["mo"], y=sub_oxford["tmax"], showmeans=True)
plt.xlabel("Month")
```

```
plt.ylabel("Max. Temperature")
plt.title("Temperature by Month")
plt.show()
```

p개 변수 간 **표본공분산**(sample covariance) S는 $p \times p$ 행렬로서 (j, k)번째 요소 s_{jk}는 변수 X_j와 X_k간 표본공분산이다. 즉,

$$s_{jk} := \frac{1}{n-1} \sum_{i=1}^{n} (x_{ij} - m_j)(x_{ik} - m_k).$$

p개 변수 간 **표본상관**(sample correlation) R은 $p \times p$ 행렬로서 (j, k)번째 요소 r_{jk}는 변수 X_j와 X_k간 표본상관이다. 즉,

$$r_{jk} := \frac{\sum_{i=1}^{n} (x_{ij} - m_j)(x_{ik} - m_k)}{\sqrt{\sum_{i=1}^{n} (x_{ij} - m_j)^2} \cdot \sqrt{\sum_{i=1}^{n} (x_{ik} - m_k)^2}}.$$

(다변량 정규분포의 암묵적 가정하에) p_2-변량 X_2에 조건화된 p_1-변량 X_1의 분포에서 **조건부 평균과 조건부 공분산**은 다음으로 주어진다 $(p_1 + p_2 = p)$.

$$m_{1.2} = m_1 + S_{12} S_{22}^{-1} m_2,$$

$$S_{11.2} = S_{11} - S_{12} S_{22}^{-1} S_{21},$$

여기서 $m = \begin{pmatrix} m_1 \\ m_2 \end{pmatrix}$는 $p \times 1$ 평균벡터이고 $S = \begin{pmatrix} S_{11} & S_{12} \\ S_{21} & S_{22} \end{pmatrix}$는 $p \times p$ 공분산 행렬이다 (m_1: $p_1 \times 1$, m_2: $p_2 \times 1$, S_{11}: $p_1 \times p_1$, S_{22}: $p_2 \times p_2$). 이에 따라 조건부 표본상관(conditional sample correlation)도 산출된다.

예 1. $(p = 3)$ 표본 상관행렬이 다음과 같다고 하자.

```
R =  1.00 0.50 0.75
     0.50 1.00 0.75
     0.75 0.75 1.00
```

$r_{12} = 0.5$로 양이다. 그러나 제3 변수가 주어졌을 때 제1 변수와 제2 변수 간 상관은 $r_{12\,.\,3} = -0.14$로 음이다 $(p_1 = 2, p_1 = 1)$. R에서 다음과 같이 계산된다.

```
# partial correlation
R <- matrix(c(1, 0.5, 0.75,
              0.5, 1, 0.75,
              0.75, 0.75, 1), 3, 3)
S_11 <- R[1:2, 1:2]
S_12 <- R[1:2, 3]
S_21 <- R[3, 1:2]
S_22 <- R[3, 3]
S_11.2 <- S_11 - S_12 %*% solve(S_22) %*% S_21
R_11.2 <-
  diag(1/sqrt(diag(S_11.2))) %*% S_11.2 %*% diag(1/sqrt(diag(S_11.2)))
R_11.2
##            [,1]       [,2]
## [1,]  1.0000000 -0.1428571
## [2,] -0.1428571  1.0000000
```

편상관 공식을 써서 구할 수도 있다.

$$r_{12\cdot3} = \frac{r_{12} - r_{13}r_{23}}{\sqrt{1-r_{13}^2}\sqrt{1-r_{23}^2}}$$

```
r12 <- R[1,2]
r13 <- R[1,3]
r23 <- R[2,3]
partial_r <- (r12 - r13*r23)/(sqrt(1-r13^2)*sqrt(1-r23^2))
partial_r
## [1] -0.1428571
```

Python 코딩:

```
## partial correlation
import numpy as np
from scipy.linalg import inv, sqrtm

R = np.array([[1, 0.5, 0.75],
              [0.5, 1, 0.75],
              [0.75, 0.75, 1]])
r12 = R[0,1]
```

```
r13 = R[0,2]
r23 = R[1,2]
partial_r = (r12-r13*r23) / (np.sqrt(1-r13**2) * np.sqrt(1-r23**2))
print(partial_r)
## -0.14285714285714285
```

연속형 이변량 데이터의 기술에는 산점도(scatter plot)가 제격이다. 산점도는 특별한 이유가 없는 한 정사각형 틀 안에 넣는다. 사례를 보자.

예 1. MASS 라이브러리의 geyser 데이터는 미국 Yellowstone 국립공원의 Old Faithful이라는 간헐천에서 측정된 것으로 2개 변수 waiting과 duration으로 구성되어 있다. 산점도는 데이터의 대강을 파악하기 위한 도구이다. <그림 4>를 보라. 두 변수 간 관계가 선형적이라기보다는 "ㄱ"자에 가깝고 3개 정도의 부그룹(subgroup)으로 나누어짐을 인지할 수 있다.

```
# scatterplot of Geyser data
library(MASS)
data(geyser)
str(geyser)
plot(duration ~ waiting, main="Geyser", data=geyser)
```

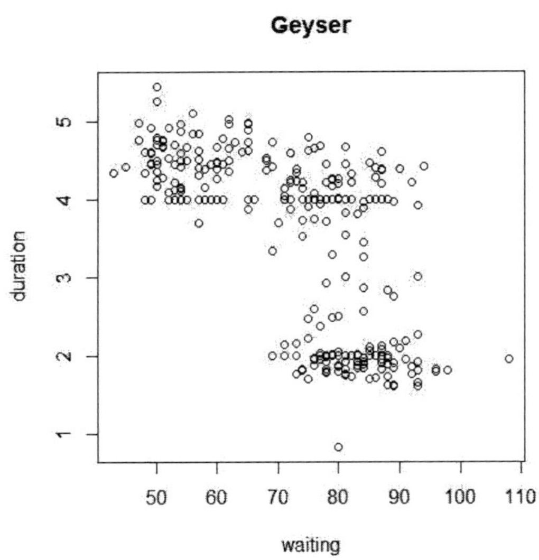

<그림 4> Geyser의 waiting과 duration

산점도(scatter plot)는 변수들을 본격적인 분석에 앞서 변환할 필요가 있는지를 알려주기도 한다. 다음이 그런 교훈을 주는 사례이다.

예 2. MASS 라이브러리의 mammals 데이터는 62종 포유류의 몸무게 body와 뇌무게 brain 값을 담고 있다. <그림 5>의 왼쪽은 원자료에 대한 산점도인데 두 변수의 관계가 드러나지 않는다. 그러나 각 변수를 밑수 2인 로그로 변환한 뒤 산점도를 그려보면 연관성이 확 드러난다 (오른쪽 그림).

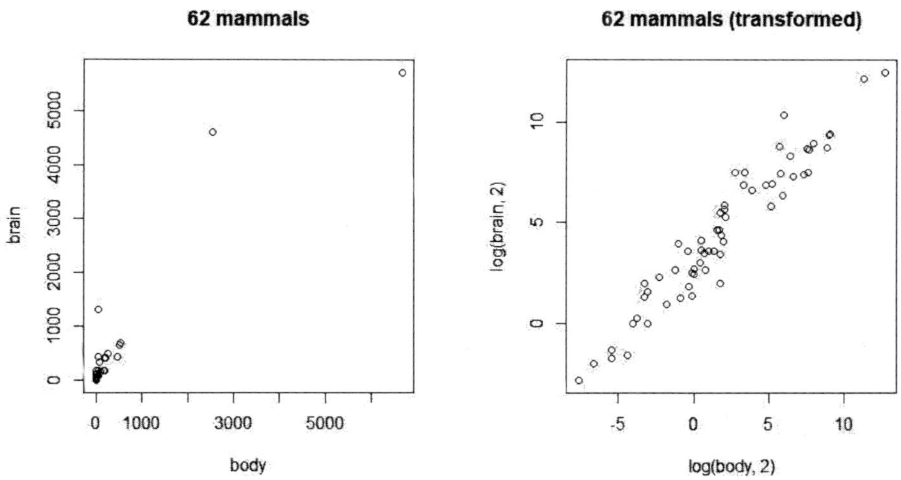

<그림 5> mammals의 body와 brain: 변수 변환 전과 후의 산점도

```
# scatter of mammals data
library(MASS)
data(mammals)
str(mammals)
plot(brain ~ body, main="62 mammals", data=mammals)
plot(log(brain,2) ~ log(body,2), main="62 mammals (transformed)",
    data=mammals)
```

Python 코딩:

```
# scatterplot of geyser data
import pandas as pd
```

```
import numpy as np
import statsmodels.api as sm
import matplotlib.pyplot as plt

geyser = sm.datasets.get_rdataset("geyser", package="MASS")['data']
type(geyser)                        # pandas.core.frame.DataFrame

fig, ax = plt.subplots(figsize=(6, 6))
plt.scatter(geyser.waiting, geyser.duration)
plt.title("geyser")
plt.xlabel("waiting")
plt.ylabel("duration")
plt.show()

# scatterplot of mammals data
mammals = sm.datasets.get_rdataset("mammals", package="MASS")['data']
type(mammals)

fig, ax = plt.subplots(figsize=(6, 6))
plt.scatter(mammals.body, mammals.brain)
plt.title("mammals")
plt.xlabel("body")
plt.ylabel("brain")
plt.show()
log_body = np.log2(mammals.body)
log_brain = np.log2(mammals.brain)

fig, ax = plt.subplots(figsize=(6, 6))
plt.scatter(log_body, log_brain)
plt.title("mammals")
plt.xlabel("log_body")
plt.ylabel("log_brain")
plt.show()
```

이제부터는 **범주형 데이터의 기술**을 다룬다. 예컨대 생존여부 (= 사망 0, 생존 1)와 같은 이항형 변수, 종교 (= 없음 1, 불교 2, 기독교 3, 천주교 4, 기타 5)와 같은 다항형 변수 말이다. 이들은 비록 숫자로 코딩되었다고 하더라도 수치형 변수가 아니다. 따라서 히스토그램이나 산점도, 평균 · 표준편차, 분위수, 상관계수 등을 쓸 수 없다.

예를 보자. R datasets 라이브러리의 Titanic 데이터는 2,201명의 타이타닉 탑승자의 생존여부 Survived(=No,Yes)와 선실등급 Class(=1st,2nd,3rd,Crew), 성별 Sex(=Male,Female), 나이 Age(=Child,Adult) 정보를 4차원 배열에 담고 있다. 생존여부 Survived는 이항형이다.

생존여부 Survived에 대한 기술에서 출발은 빈도 분포이다. 아래에서 보듯 1490명이 사망했고 711명이 생존했다 (비율로는 67.7%, 32.3%). 다음이 R 코딩이다.

```
data(Titanic)
str(Titanic)
##  table [1:4, 1:2, 1:2, 1:2] 0 0 35 0 0 0 17 0 118 154 ...
##  - attr(*, "dimnames")=List of 4
##   ..$ Class   : chr [1:4] "1st" "2nd" "3rd" "Crew"
##   ..$ Sex     : chr [1:2] "Male" "Female"
##   ..$ Age     : chr [1:2] "Child" "Adult"
##   ..$ Survived: chr [1:2] "No" "Yes"
N <- sum(Titanic); N
## 2201
apply(Titanic, 4, sum)  # 빈도
##   No  Yes
## 1490  711
round(apply(Titanic, 4, sum)/N, 3)  # 비율
##   No   Yes
## 0.677 0.323
```

"생존이 무엇과 어떻게 관련 있을까?" 선실등급 Class(=1st,2nd, 3rd,Crew)와 관련이 있는가를 보기 위해서 Class와 Survived의 4*2 교차표를 만들어 보자.

```
Tab.1 <- apply(Titanic, c(1,4), sum)
Tab.1m <- addmargins(Tab.1)
```

```
Tab.1m  # 빈도
##        Survived
## Class    No Yes  Sum
##    1st   122 203  325
##    2nd   167 118  285
##    3rd   528 178  706
##    Crew  673 212  885
##    Sum  1490 711 2201
round(Tab.1m[, 1:3]/Tab.1m[,3], 3)   # 비율
##        Survived
## Class     No   Yes Sum
##    1st  0.375 0.625   1
##    2nd  0.586 0.414   1
##    3rd  0.748 0.252   1
##    Crew 0.760 0.240   1
##    Sum  0.677 0.323   1
```

여기서 보듯 선실등급 Class 별 Survived 비율은 1st에서 가장 크고 (62.5%), 2nd (41.4%), 3rd (25.2%), Crew (24.0%) 순서로 낮다. 교차표의 시각화를 위해 막대그림(bar plot)부터 시도한다. <그림 6>이 결과이다.

```
barplot(t(Tab.1), main="Titanic Survival by Class")
legend("topleft", fill=c("lightgray","black"), legend=c("Yes","No"))
```

막대그림이 널리 쓰이기 때문에 익숙하긴 하지만 선실등급 별 생존 "비율"을 직접 보여주진 않는다. 예컨대 <그림 6>을 보고 2등실이 3등실보다 생존율이 높은지, 그렇지 않은지를 알아내기 쉽지 않다.

모자이크 플롯(mosaic plot)은 이런 것을 해내므로 2차원 교차표의 시각화에 더 좋은 도구이다. <그림 7>은 사각형 타일을 행 범주를 크게 맞게 수직 분할하고 이어서 행 범주별 열 비율을 수평 분할한 일종의 모자이크이다. R 코드는 다음과 같다.

```
mosaicplot(~ Class + Survived, col=c("white","gray"), off=0, data=Titanic)
```

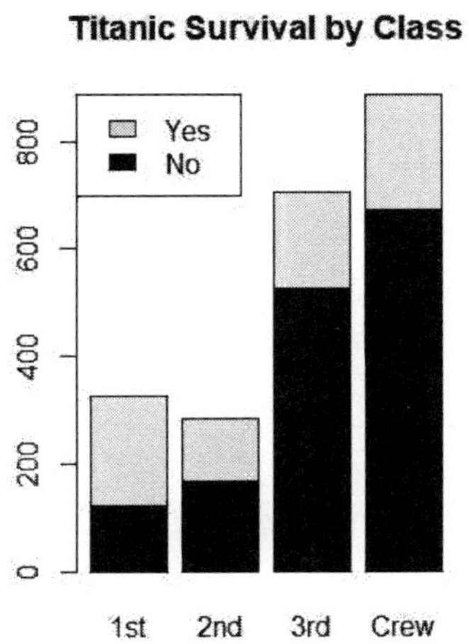

<그림 6> 막대그림: 선실등급 별 생존률의 비교

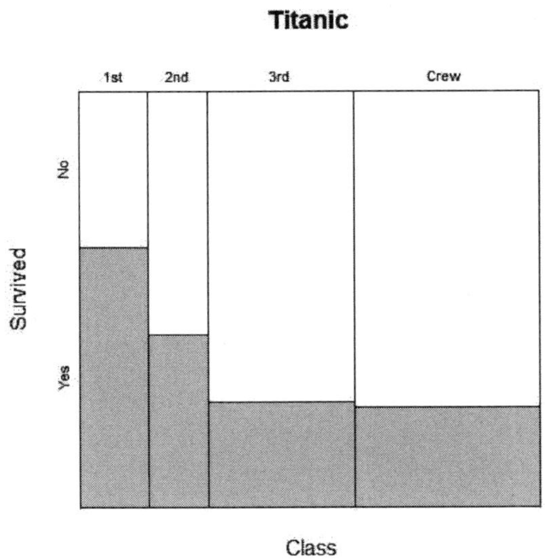

<그림 7> Class * Survived의 모자이크 플롯

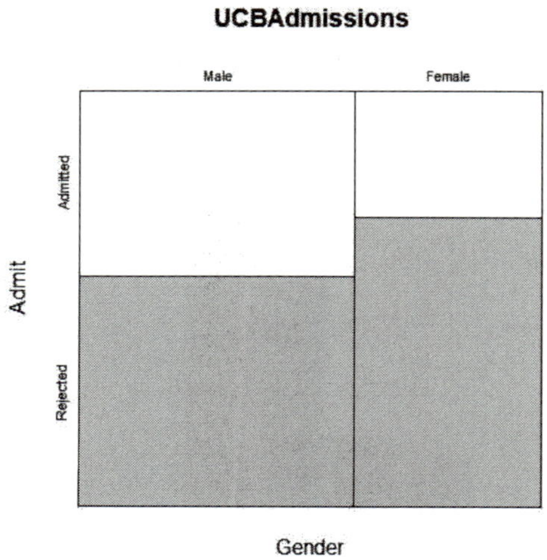

<그림 8> UCBAdmissions 사례에서 Gender * Admit의 모자이크 플롯

또 하나의 사례로서 UCBAdmissions 데이터를 보자. 1973년 UC 버클리 대학의 대학원 입학에서 여성차별 의혹이 제기된 바, 이유는 <그림 8>에서 보듯 여성 지원자의 입학허용 비율이 남성 지원자의 입학허용 비율보다 작았기 때문이다.

```
# Berkeley admissions data
data(UCBAdmissions)
str(UCBAdmissions)
## table [1:2, 1:2, 1:6] 512 313 89 19 353 207 17 8 120 205 ...
##  - attr(*, "dimnames")=List of 3
##   ..$ Admit : chr [1:2] "Admitted" "Rejected"
##   ..$ Gender: chr [1:2] "Male" "Female"
##   ..$ Dept  : chr [1:6] "A" "B" "C" "D" ...
mosaicplot(~ Gender + Admit, off=0, col=c("white","gray"), data=UCBAdmissions)
```

그러나 지원학과 Dept 별로 Gender * Admit의 관계를 볼 필요가 있다. 왜냐하면 입학사정은 지원학과 별로 이루어지기 때문이다. <그림 9>의 모자이크 플롯에 나타나듯, 지원학과 별로 보면 남자 지원자의 입학허용 비율이 여자 지원자의 입학허용 비율보다 큰 학과는 6개 학과 중 2개 학과이고 나머지 4개 학과에서는 오히려 남자 지원자의 입학허용 비율이 여자 지원자의 입학허용 비율보다 작았다. 이른바 심프슨의 역설(Simpson's paradox)이다.

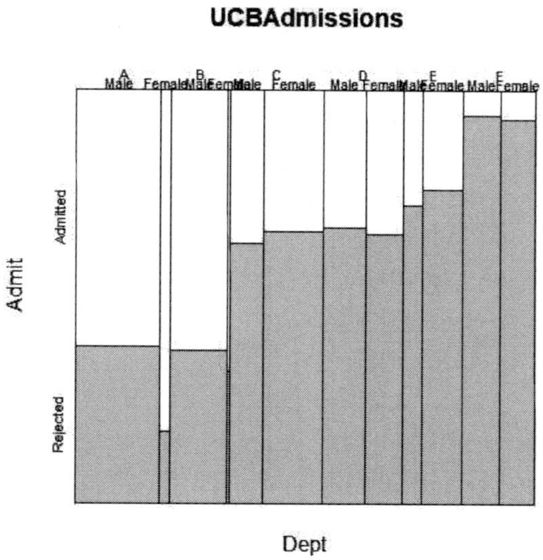

<그림 9> UCBAdmissions 사례에서 Dept * Gender * Admit의 모자이크 플롯

```
mosaicplot(~ Dept + Gender + Admit, off=c(0,0,0), col=c("white","gray"),
        dir=c("v","v","h"), data=UCBAdmissions)
```

전반적인 모습이 세부적으로 보았을 때는 부정되는 경우가 있다. 예리한 통찰력이 있는 데이터분석자들은 이런 것을 짚어낸다.

Python에서는 모자이크 플롯이 잘 되지 않는다. 그런 이유로 파이썬 코딩은 생략한다.

연습문제

1. 포도주 자료 "winequality-red.csv"과 "winequality-white.csv"에 대하여 (데이터 설명은 https://archive.ics.uci.edu/dataset/186/wine+quality 참조) 변수 fixed.acidity에서 레드 와인과 화이트 와인을 비교하라 (와인 별 상자그림과 $(0, 0.25, 0.5, 0.75, 1)$-분위수를 산출).

2. R MASS 라이브러리의 Boston 데이터에서, 3개 변수 rm, dis, lstat 간 상관을 구하고 lstat이 주어졌을 때 rm과 dis 간 상관을 산출하고 해석하라.

8장. 빈도적 추론

이 장에서는 통계적 추론의 고전적 접근을 다룬다. 모집단 분포의 파라미터에 대한 점 추정(point estimation)과 구간 추정(interval estimation)에서 전통적인 통계학이 취하는 빈도론(frequentist theory)을 설명하기로 한다.

모집단 분포를 확률모형 $f_X(x;\theta)$로 표현하자. X의 임의표본 $x_1, x_2, \cdots, x_n$으로 θ를 끌어내는 것이 통계적 추론(推論, inference)이다.

적률 방법(method of moments)은 $E(X;\theta) = \int_{-\infty}^{\infty} x f_X(x;\theta)dx \ (= \mu)$를 $\overline{x}$와 일치시켜 θ에 대한 추정치 $\tilde{\theta}$를 얻어낸다. 당연하게도 베르누이 파라미터 θ에 대한 적률 방법 추정치는 $\overline{x}$이다. 역시 당연하게도 정규분포의 중앙 θ에 대한 적률 방법 추정치도 $\overline{x}$이다.

예 1. 모집단이 지수분포 exponential (θ)로 모형화되었다고 하자. 이 분포의 기대값이 θ이므로 적률 방법에 의한 추정치 $\tilde{\theta}$는

$$\theta \, (= E(X;\theta)) = \overline{x}$$

의 해이다. 즉, $\tilde{\theta} = \overline{x}$.

예 2. 모분포가 중앙이 θ인 이중지수분포(double exponential distribution, 일명 Laplace distribution)라고 하자. 즉,

$$f_X(x;\theta) = \frac{1}{2} e^{-|x-\theta|}, \quad -\infty < x < \infty .$$

이 분포의 기대값이 θ이므로 적률 방법에 의한 추정치 $\tilde{\theta}$는

$$\theta \, (= E(X;\theta)) = \overline{x}$$

의 해이다. 즉, $\tilde{\theta} = \overline{x}$.

예 3. 모집단을 균일분포 uniform $(0, \theta)$로 모형화 하였다고 하자. 이 분포의 기

대값이 $\theta/2$ 이므로, 적률 방법에 의한 추정치 $\tilde{\theta}$ 는 $\frac{\theta}{2}(=E(X;\theta))=\bar{x}$ 에서 나온다: $\tilde{\theta}=2\bar{x}$.

θ 가 2차원인 경우엔 추가적으로 $V(X;\theta)=\int_{-\infty}^{\infty}(x-\mu)^2 f_X(x;\theta)dx$ 를 표본분산 v, 즉 s^2 과 일치시켜서 풀어낸다.

예 4. 모집단을 감마분포 gamma (α,β) 로 모형화 하자. 즉,

$$f_X(x;\alpha,\beta)=\frac{1}{\Gamma(\alpha)\beta^{\alpha}}x^{\alpha-1}e^{\frac{x}{\beta}},\ x>0;\ \alpha>0,\beta>0.$$

이 분포의 기대값과 분산은 각각 $E(X;\alpha,\beta)=\alpha\beta$, $V(X;\alpha,\beta)=\alpha\beta^2$ 이다. 따라서 α 와 β 에 대한 적률 방법 추정치는

$$\alpha\beta(=E(X;\alpha,\beta))=\bar{x},\quad \alpha\beta^2(=V(X;\alpha,\beta))=v$$

에서 나온다 (여기서 v 는 X 의 표본분산). 따라서

$$\tilde{\beta}=\frac{v}{\bar{x}},\quad \tilde{\alpha}=\frac{\bar{x}^2}{v}.$$

최대가능도 방법(maximum likelihood method)은 관측 데이터 $x_1, x_2, \cdots, x_n$ 에 따르는 θ 의 함수

$$L(\theta):=\prod_{i=1}^{n}f(x_i;\theta)$$

를 최대화하여 θ 에 대한 추정치 $\hat{\theta}$ 를 얻어낸다. 이 함수 $L(\theta)$ 를 가능도(可能度, likelihood; 우도 尤度)라고 한다. $L(\theta)$ 는 관측 데이터가 얻어질 확률이 θ 에 따라 어떻게 달라지는가를 알려준다. 그러므로 $L(\theta)$ 가 어느 θ 에서 최대가 되는지가 당연하게 관심이고 그 θ 값이 최대가능도 추정치 $\hat{\theta}$ 이다.

가능도 $L(\theta)$ 대신 그것의 단조 변환인 로그 가능도(log-likelihood)

$$l(\theta):=\sum_{i=1}^{n}\log_e f(x_i;\theta)$$

를 최대화시켜도 결과는 같다.

예 5. 베르누이 파라미터 θ에 대한 최대가능도 추정치를 구해보자. 가능도가

$$L(\theta) := \prod_{i=1}^{n} f(x_i;\theta) = \theta^{\sum_{i=1}^{n} x_i}(1-\theta)^{n-\sum_{i=1}^{n} x_i}$$

이므로

$$l(\theta) := \sum_{i=1}^{n} \log_e f(x_i;\theta) = \sum_{i=1}^{n} x_i \log_e\theta + (n-\sum_{i=1}^{n} x_i)\log_e(1-\theta).$$

$$\therefore \quad \frac{d}{d\theta} l(\theta) = \frac{1}{\theta}\sum_{i=1}^{n} x_i - \frac{1}{1-\theta}(n-\sum_{i=1}^{n} x_i)$$
$$= \frac{1}{\theta(1-\theta)}\left((1-\theta)\sum_{i=1}^{n} x_i - \theta(n-\sum_{i=1}^{n} x_i)\right)$$
$$= \frac{1}{\theta(1-\theta)}\left(\sum_{i=1}^{n} x_i - \theta n\right) = 0 \quad \Rightarrow \quad \hat{\theta} = \frac{1}{n}\sum_{i=1}^{n} x_i = \bar{x}.$$

또한 정규분포의 중앙 θ에 대한 최대가능도 추정치도 $\bar{x}$이다 (왜?).

예 1 (계속). 지수분포 exponential(θ)에서 임의표본 $x_1, x_2, \cdots, x_n$에 의한 로그 가능도는

$$l(\theta) = -n\log_e\theta - \frac{1}{\theta}\sum_{i=1}^{n} x_i.$$

$$\frac{d}{d\theta} l(\theta) = -\frac{n}{\theta} + \frac{1}{\theta^2}\sum_{i=1}^{n} x_i = \frac{1}{\theta^2}(\sum_{i=1}^{n} x_i - n\theta).$$

$$\frac{d}{d\theta} l(\theta) = 0 \Rightarrow \theta = \bar{x}. \text{ 따라서 } \hat{\theta} = \bar{x}.$$

앞에서 정의된 가능도 함수

$$L(\theta) = \exp(l(\theta)) = \theta^{-n} e^{-\frac{1}{\theta}\sum_{i=1}^{n} x_i}, \ \theta > 0$$

의 실제 모습을 보자. <그림 1>이 모의생성 데이터 $x_1, x_2, \cdots, x_n$에서 파생된 $L(\theta)$의 그래프이다 ($n=10,\ \theta=1;\ \sum_{i=1}^{n} x_i = 6.368$).

가능도 함수 $L(\theta)$가 확률(밀도)의 곱인 것은 맞지만 스스로가 확률(밀도)이지 않다. <그림 1>에서 θ의 실질적 범위가 $(0,3)$ 정도인데 $L(\theta)$의 최대 높이가 0.005보다 작으므로 곡선 아래 면적이 기껏해야 0.015 정도이다. 또한

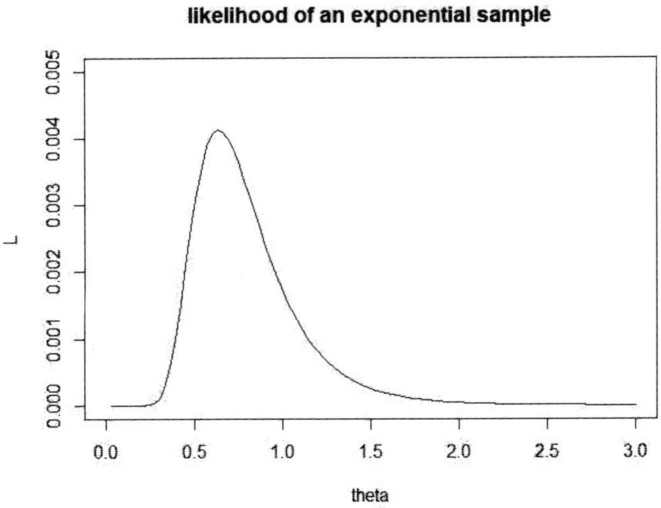

<그림 1> 지수분포 표본에서 파생된 가능도 함수

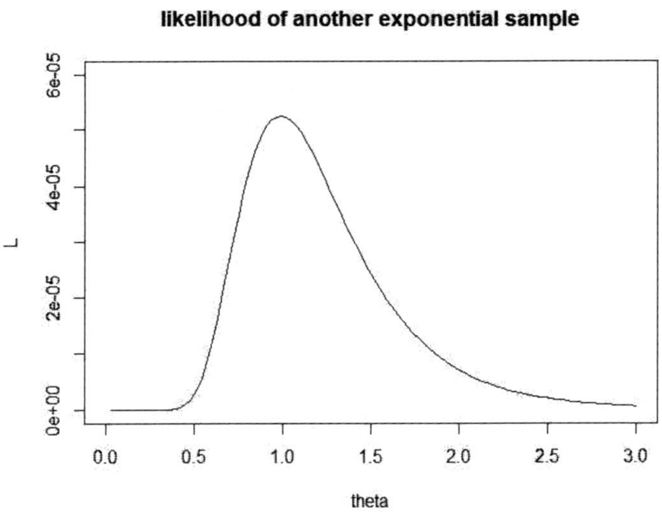

<그림 2> 지수분포 표본에서 파생된 가능도 함수 2

<그림 1>에서 가능도 $L(\theta)$가 파라미터 θ의 함수라는 것이 명백하다 (관측값 x의 함수가 아니다).

가능도 $L(\theta)$는 표본 데이터 $x_1, x_2, \cdots, x_n$에 따라 다른 모습을 취하는 θ의 함수이다. <그림 2>는 다른 모의생성 데이터 $x_1, x_2, \cdots, x_n$에 따른 $L(\theta)$의 그래프이다 ($n=10,\ \theta=1;\ \sum_{i=1}^{n} x_i = 9.855$). <그림 1>과는 약간 다르다.

예 2 (계속). 중앙이 θ인 이중지수분포에서 로그 가능도는

$$l(\theta) = -n\log_e 2 - \sum_{i=1}^{n} |x_i - \theta|$$

이므로 최대가능도 방법에 의한 추정치 $\hat{\theta}$는

$$\text{minimize} \sum_{i=1}^{n} |x_i - \theta| \quad \text{with respect to } \theta$$

에서 나온다. $\therefore\ \hat{\theta} = med\,(x_1, x_2, \cdots, x_n)$.

예 3 (계속). 균일분포 uniform$(0, \theta)$ 모형 하에서 가능도는

$$L(\theta) = \frac{1}{\theta^n},\ \theta > x_i,\ i = 1, 2, \cdots, n$$

이다. $L(\theta)$의 정의역이 $\theta > x_{(n)}$으로도 표현된다 ($x_{(n)}$은 최대값). $L(\theta)$가 정의역 내에서 단조 감소하므로 $\hat{\theta} = x_{(n)}$이다.

추정 방법에 따라 추정 값이 다를 수 있다. 어떤 추정치가 좋은가? 따져야 할 성질이 몇 개 있는데 첫째는 일치성(consistency)이다.

T_n을 θ에 대한 **추정량**(estimator)이라고 하자. T_n은 임의표본 $X_1, X_2, \cdots, X_n$에서 산출되는 확률적 변량이고 이것의 실현 값이 θ에 대한 추정치이다. 예 1에서 θ에 대한 적률 방법 추정량은 $T_n = \overline{X}$이다.

T_n의 **일치성**(consistency) (정의): $T_n \to \theta$ in probability (as $n \to \infty$).

예 1의 지수분포 exponential(θ)에서 $\overline{X}(=T_n)$는 일치적이다. 왜냐하면 큰 수의 법칙에 의해 $\overline{X}$가 기대값 θ에 확률적으로 수렴하기 때문이다.

예 6. 어떤 추정량은 일치적이지 않다. 중앙이 θ인 코시 분포

$$f_X(x) = \frac{1}{\pi}\frac{1}{1+(x-\theta)^2}, \quad -\infty < x < \infty$$

에서 θ에 대한 추정량으로 $\overline{X}$를 고려하자. 유감스럽게도, $\overline{X}$는 $f_X(x)$를 따른다. 다시 말하여, 중심극한정리가 적용되지 않는다. 따라서 n이 커진다고 θ에 수렴하지 않으므로 $\overline{X}(=T_n)$은 일치적이지 않다.

그런데 코시 표본의 경우, 중위수 $med\ (=\widetilde{X})$는 일치적이다. 왜냐하면 다음과 같은 일반적인 수렴 이론이 있기 때문이다.

분포함수 $F_X(x)$가 미분가능하여 밀도함수 $f_X(x)$를 갖는다고 하자. 그러면

$$\sqrt{n}\,(\widetilde{X}-\xi) \to N(0, \frac{1}{4\,f_X(\xi)^2}),$$

여기서 ξ는 모분포의 중위수이다. 부록 B.5에 이에 대한 증명을 다룬다.

예컨대 코시 분포에서는 중앙 θ가 ξ이고 $f_X(\xi) = \dfrac{1}{\pi}$이므로

$$\sqrt{n}\,(\widetilde{X}-\theta) \to N(0, \frac{\pi^2}{4})$$

이다. 즉 $\widetilde{X}-\theta$는 대략 $N(0, \dfrac{\pi^2}{4n})$이다. 따라서 $E[(\widetilde{X}-\theta)^2] \to 0$ (평균제곱수렴)이고, 다시 따라서 $\widetilde{X} \to \theta$ in probability (확률수렴).

θ에 대한 추정량 T_n의 기대값이 θ일 때 T_n이 θ에 대하여 **비편향적**(非偏向的, unbiased)이라고 한다. 예 1의 지수분포 exponential(θ)에서 $\overline{X}(=T_n)$은 θ에 대한 비편향 추정량이다. 왜냐하면 $E(\overline{X};\theta) = \theta$이기 때문이다.

예 3의 균일분포 uniform$(0,\theta)$에서 적률 방법 추정량 $2\overline{X}$는 θ에 대하여 비편향적이다. 그러나 $T_n := X_{(n)}$은 편향적(biased)이다. 왜냐하면

$$E(X_{(n)};\theta) = \frac{n}{n+1}\theta \neq \theta$$

이기 때문이다.[1)]

---

1) T_n의 분포함수는 $F_{T_n}(t) := \mathrm{P}(T_n \leq t) = \mathrm{P}(X_1 \leq t, \cdots, X_n \leq t) = \left(\dfrac{t}{\theta}\right)^n$. [계속 →]

추정량 T_n의 **평균제곱오차**(mean squares error)는

$$MSE(T_n;\theta) := E((T_n-\theta)^2;\theta)$$

으로 정의된다. $MSE(T_n;\theta)$는 다음과 같이 두 부분으로 분해된다.

$$\begin{aligned} MSE(T_n;\theta) &= (E(T_n;\theta)-\theta)^2 + E((T_n - E(T_n;\theta))^2) \\ &= bias(T_n;\theta)^2 + V(T_n;\theta). \end{aligned}$$

여기서

T_n의 편향(偏向, bias): $bias(T_n;\theta) := E(T_n;\theta)-\theta$,

T_n의 분산(variance): $V(T_n;\theta) := E((T_n-E(T_n;\theta))^2)$

이다. 물론 $MSE(T_n;\theta)$는 작을수록 좋다. 평균제곱오차 $MSE(T_n;\theta)$가 제곱편향 $bias(T_n;\theta)^2$과 분산 $V(T_n;\theta)$의 합(合)이므로, 많은 문제에서 제곱편향과 분산 간 **맞교환**(trade-off)이 발생한다.

예 7*. 임의표본 $x_1, x_2, \cdots, x_n$가 베르누이 분포 Bernoulli(θ)에서 나왔다고 하자. θ에 대한 추정치로 $\hat{\theta} := \sum_{i=1}^{n} x_i/n$이 상식적이다 (적률방법, 최대가능도 방법). $\hat{\theta}$의 평균제곱오차 $MSE(\hat{\theta};\theta)$는 $\theta(1-\theta)/n$이다. $\hat{\theta}$에 대한 대안으로

$$\tilde{\theta}_\alpha = \alpha\frac{1}{4} + (1-\alpha)\frac{1}{n}\sum_{i=1}^{n} x_i \quad (0 \leqq \alpha \leqq 1)$$

를 생각하자. 즉, $\tilde{\theta}_\alpha$는 0.25와 $\hat{\theta}$의 가중평균이다 (가중치는 α 대 $1-\alpha$).[2)] $\tilde{\theta}_\alpha$의 평균제곱오차 $MSE(\tilde{\theta}_\alpha;\theta)$를 구해보자.

$$bias(\tilde{\theta}_\alpha;\theta) = \alpha\cdot 0.25 + (1-\alpha)\theta - \theta = \alpha(0.25-\theta),$$

$$Var(\tilde{\theta}_\alpha;\theta) = (1-\alpha)^2\theta(1-\theta)/n,$$

이므로

$$MSE(\tilde{\theta}_\alpha;\theta) = \alpha^2(0.25-\theta)^2 + (1-\alpha)^2\theta(1-\theta)/n.$$

$$\therefore\ f_{T_n}(t) := \frac{d}{dt}F_{T_n}(t) = \frac{n}{\theta}\left(\frac{t}{\theta}\right)^n,\quad E(T_n(t)) = \int_0^\theta t\,\frac{n}{\theta}\left(\frac{t}{\theta}\right)^n dt = \frac{n}{n+1}\theta.$$

2) 특별히 $\theta_0 = 0.25$를 생각한 이유는 프로야구 선수들의 타율을 염두에 둔 것이다.

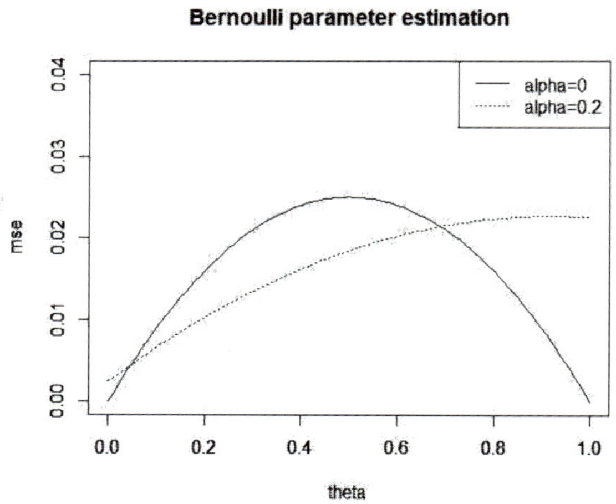

<그림 3> 베르누이 파라미터 θ에 대한 두 추정량의 MSE

<그림 3>이 $\hat{\theta}$의 평균제곱오차와 $\tilde{\theta}_{0.2}$의 평균제곱오차를 비교해 보여준다. $(n=10)$. $0.1 \leqq \theta \leqq 0.65$ 구간에서 α가 0.2인 $\tilde{\theta}_{0.2}$가 $\hat{\theta}$에 비해 우수하다.

이 예의 수학은 일부 학생들에겐 부담일 것이다. 이를 수치 계산(numerical computing)으로 우회할 수 있다. 부록 B.6을 참조하라.

예 3 [계속]*. 균일분포 $(0, \theta)$에서 $T_n := X_{(n)}$의 편향과 분산은 각각

$$bias\,(T_n; \theta) = \frac{n}{n+1}\theta - \theta = -\frac{\theta}{n+1},$$

$$V(T_n; \theta) = \frac{n}{(n+1)^2(n+2)}\theta^2$$

이다 (왜?). 따라서 평균제곱오차 $MSE(T_n; \theta)$는 $\frac{2}{(n+1)(n+2)}\theta^2$이다. 반면, $T_n' := 2\overline{X}$의 편향과 분산은 각각

$$bias\,(T_n'; \theta) = 0,\ \ V(T_n'; \theta) = \frac{4}{n}\frac{\theta^2}{12}$$

이다. 따라서 T_n'의 평균제곱오차 $MSE(T_n'; \theta)$는 $\frac{\theta^2}{3n}$.

$$\therefore \quad MSE(T_n; \theta) < MSE(T_n'; \theta), \quad n \geqq 3.$$

그러므로 평균제곱오차를 기준으로 할 때 승자는 $T_n := X_{(n)}$이다 $(n \geqq 3)$.

이제 구간 추정(interval estimation)을 넘어간다. 목표는 $X_1, X_2, \cdots, X_n$으로 θ에 관한 구간 $I(X_1, X_2, \cdots, X_n)$을 만들어

$$P(\theta \in I(X_1, X_2, \cdots, X_n); \theta) \geqq 1-\alpha$$

가 되도록 하는 데 있다. 이를 위한 으뜸 방법은 **피벗(pivot, 軸)**의 활용이다. 피벗 $Q := h(X_1, \cdots, X_n, \theta)$는 분포가 θ에 의존하지 않는 확률변량이다 (정의).

예 8. $X_1, X_2, \cdots, X_n \sim$ i.i.d. $N(\theta, \sigma^2)$에서 $Q := \sqrt{n}\,\dfrac{\overline{X}-\theta}{S}$라고 하자. 여기서 S는 표본 표준편차이다. Q의 분포는 자유도 $n-1$의 t-분포 $t(n-1)$이다. 부연하자면, Q는 θ와 σ^2에 무관하게 움직인다. 따라서 Q는 피벗이다.

$$\therefore \ P\left(t_{\alpha/2, n-1} \leqq \sqrt{n}\,\frac{\overline{X}-\theta}{S} \leqq t_{1-\alpha/2, n-1}\right) = 1-\alpha, \tag{1}$$

여기서 $t_{p, n-1}$는 t-분포 $t(n-1)$에서 p-분위수이다 ($t_{\alpha/2, n-1} = -t_{1-\alpha/2, n-1}$). (1)의 확률 표현에서 P의 큰 괄호 안은

$$\overline{X} - t_{1-\alpha/2, n-1}\frac{S}{\sqrt{n}} \leqq \theta \leqq \overline{X} + t_{1-\alpha/2, n-1}\frac{S}{\sqrt{n}},$$

즉

$$\theta \in (\overline{X} - t_{1-\alpha/2, n-1}\frac{S}{\sqrt{n}}, \overline{X} + t_{1-\alpha/2, n-1}\frac{S}{\sqrt{n}}). \tag{2}$$

이것에 (1)의 확률을 붙이면, "(2)의 진술이 확률 $1-\alpha$로 True이다"가 된다. 따라서 (2)가 θ에 대한 '포함확률' $1-\alpha$의 신뢰구간이다.

피벗을 활용하여 구간 추정을 하는 방법은 $N(\theta, \sigma^2)$ 케이스에서 멋지게 작동하지만 다른 케이스로 확장하려고 하면 무엇을 피벗으로 해야 하는지가 쉽지 않다.

예 9. $X_1, X_2, \cdots, X_n \sim$ i.i.d. exponential(θ)라고 하자. 중심극한정리에 의하여

$$\sqrt{n}\,(\overline{X}-\theta)/\theta \ \to N(0,1),$$

즉 분포 수렴한다 (참고: 기대값이 θ인 지수분포의 분산은 θ^2이다). 따라서

$$P\left(-z_{1-\alpha/2} \leqq \sqrt{n}\,\frac{\overline{X}-\theta}{\theta} \leqq z_{1-\alpha/2}\right) \simeq 1-\alpha \tag{3}$$

이다 (여기서 z_p는 $N(0,1)$의 p-분위수). (3)의 확률이 근사임이 아쉬운 대목이다. (3)에서 P의 큰 괄호 안을 θ에 대한 구간으로 나타내보자:

$$\theta \in \left(\frac{\overline{X}}{1+z_{1-\alpha/2}/\sqrt{n}}, \frac{\overline{X}}{1-z_{1-\alpha/2}/\sqrt{n}}\right). \qquad (4)$$

(4)가 지수분포의 기대값 θ에 대한 "근사적" 신뢰구간이다 ("근사적"이란 수식어를 붙인 이유는 이 신뢰구간의 포함확률이 근사적으로 $1-\alpha$이기 때문이다). $n=10$과 100인 경우, θ에 대한 포함확률 0.95의 근사적 신뢰구간은 각각 $(0.6174\,\overline{X}, 2.6302\,\overline{X})$, $(0.8361\,\overline{X}, 1.2438\,\overline{X})$이다.

이 문제에 대한 정확한 피봇은 $Q := \sum_{i=1}^{n} X_i/\theta \sim \text{gamma}(n,1)$이다. 이 사실을 쓰면 다음의 신뢰구간을 얻을 수 있다.

$$\theta \in \left(\frac{\overline{X}}{g_{1-\alpha/2,n,1}/n}, \frac{\overline{X}}{g_{\alpha/2,n,1}/n}\right),$$

여기서 $g_{p,n,1}$는 $\text{gamma}(n,1)$ 분포의 p-분위수이다. $n=10$인 경우, 이 방법에 따른 θ에 대한 포함확률 0.95의 신뢰구간은 $(0.5853\,\overline{X}, 2.0853\,\overline{X})$이다. $n=100$이면 신뢰구간은 $(0.8297\,\overline{X}, 1.2290\,\overline{X})$이다.

R 코딩: 지수분포의 기대값 θ에 대한 신뢰구간

```
n <- 10
round(n / qgamma(c(0.975, 0.025), n, 1), 4)
## [1] 0.5853 2.0853
n <- 100
round(n / qgamma(c(0.975, 0.025), n, 1), 4)
## [1] 0.8297 1.2290
```

Python 코딩: 지수분포의 기대값 θ에 대한 신뢰구간

```
import scipy.stats as stats
n = 10
result_1 = [round(n/stats.gamma.ppf(q,n,scale=1),4) for q in [0.975, 0.025]]
print(result_1)
## [0.5853, 2.0853]
n = 100
result_2 = [round(n/stats.gamma.ppf(q,n,scale=1),4) for q in [0.975, 0.025]]
print(result_2)
## [0.8297, 1.229]
```

연습문제

1. 임의표본 $x_1, x_2, \cdots, x_n$이 정규분포 $N(\theta, 15^2)$에서 나왔다고 하자. θ에 대한 추정치로 $\hat{\theta}_\alpha := \alpha \cdot 100 + (1-\alpha)\sum_{i=1}^{n} x_i / n$를 생각하자 (지능지수 IQ가 정상집단에서 $N(100, 15^2)$임을 염두에 둔 추정치이다). $n = 100$인 경우, $\alpha = 0.2$인 추정량 $\hat{\theta}_\alpha := \alpha \cdot 100 + (1-\alpha)\sum_{i=1}^{n} x_i / n$의 MSE를 $\hat{\theta} := \sum_{i=1}^{n} x_i / n$의 MSE를 비교하라.

2. 정규모집단 $N(\theta, 15^2)$에 대한 추정치로 $T_1 \sim N(\theta, \sigma_1^2)$과 $T_2 \sim N(\theta, \sigma_2^2)$가 가용하다고 하자 ($\sigma_1^2$, σ_2^2는 known). T_1과 T_2가 독립이라는 전제 하에 θ에 대한 추정치로 평균제곱오차 MSE 기준에서 좋은 것을 제시하라.

3. 감마분포 Gamma(alpha=4, beta=1)로부터 100개의 관측값을 임의생성하여 x라고 하자. x에 대해 감마분포를 가정하고 1) alpha와 beta를 적률 방법으로 추정하라. 2) alpha와 beta를 최대가능도방법으로 추정하라. 단, 이를 위해 R의 경우 optim()이라는 일반적 최소화 함수를, Python의 경우 scipy.optimize의 minimize 함수를 써서 풀 수 있다.

4. 임의표본 $x_1, x_2, \cdots, x_n$이 정규분포 $N(\theta, \sigma^2)$에서 나왔다고 하자. θ에 대한 추정치로서, 표본중위수 $\widetilde{X}(:= \tilde{\theta})$와 표본평균 $\overline{X}(:= \hat{\theta})$의 평균제곱오차(MSE)를 비교하라.

9장. 베이즈 추론

베이즈 추론은 모母분포 $f_X(x;\theta)$의 θ에 선先확률(prior probability) 분포를 활용하는 점이 특징이다. 그렇기에 임의표본 $x_1, x_2, \cdots, x_n$을 얻은 후 θ에 대한 후後확률(posterior probability) 분포를 끌어내어 파라미터 θ를 추론한다.

여기에 다음의 "**베이즈 공식**(Bayesian formula)"이 적용된다. 1장에 이 공식의 이산형 버전이 소개된 바 있다.

모母분포 $f_X(x;\theta)$의 θ에 확률분포 $\pi(\theta)$를 상정하자 (편의상 연속형 분포로 간주하기로 함). 임의표본 $x_1, x_2, \cdots, x_n$을 관측한 후 θ에 확률분포는 다음과 같이 업데이트된다.

$$\pi(\theta \mid x_1, x_2, \cdots, x_n) = \frac{f(x_1, x_2, \cdots, x_n; \theta)\,\pi(\theta)}{\displaystyle\int_{-\infty}^{\infty} f(x_1, x_2, \cdots, x_n; \theta)\,\pi(\theta)\,d\theta}. \tag{1}$$

임의표본에서는 $f(x_1, x_2, \cdots, x_n; \theta) = \prod_{i=1}^{n} f(x_i; \theta)$이다. 식 (1)에서 우변의 분모는 θ에 의존하지 않으므로 다음과 같이 표현되기도 한다.

$$\pi(\theta \mid x_1, x_2, \cdots, x_n) \propto f(x_1, x_2, \cdots, x_n; \theta)\,\pi(\theta).$$

즉,

$$\textbf{posterior} \propto \textbf{likelihood} \cdot \textbf{prior}.$$

예 1. **Bernoulli** 파라미터

$x_1, x_2, \cdots, x_n \sim$ i.i.d. Bernoulli(θ)라고 하자. 그리고 θ에 대한 prior $\pi(\theta)$가 균일분포 uniform$(0,1)$이라고 하자. 그러면 θ에 대한 posterior는

$$\begin{aligned}\pi(\theta \mid x_1, x_2, \cdots, x_n) &\propto f(x_1, x_2, \cdots, x_n; \theta)\,\pi(\theta) \\ &= \theta^{\sum_{i=1}^{n} x_i}(1-\theta)^{n-\sum_{i=1}^{n} x_i} \cdot 1, \quad 0 < \theta < 1\end{aligned}$$

이므로 θ의 후분포는 Beta$(s+1, n-s+1)$이다 (여기서 $s := \sum_{i=1}^{n} x_i$).

후^{後}분포 $\pi(\theta \mid x_1, \cdots, x_n)$이 얻어지면 θ에 대한 점 추정은 **후^{後}분포의 최고점**(maximum a posterior, MAP) $\hat{\theta}$으로 하는 것이 직관적이다. 대안은 **후^{後}분포의 기대값** $\tilde{\theta}$이다. 즉,

$$\hat{\theta} := \arg\max_\theta \pi(\theta \mid x_1, \cdots, x_n),$$

$$\tilde{\theta} := E(\theta \mid x_1, \cdots, x_n) = \int_{-\infty}^{\infty} \theta \cdot \pi(\theta \mid x_1, \cdots, x_n)\, d\theta.$$

예 1 (계속, Bernoulli 파라미터). θ에 대한 전분포로 uniform$(0,1)$을 전제하여 후분포로 베타 분포 Beta$(s+1, n-s+1)$을 얻은 바 있다. 그런데 베타 분포 Beta(α,β)의 pdf가

$$f(x;\alpha,\beta) = \frac{1}{B(\alpha,\beta)} x^{\alpha-1}(1-x)^{\beta-1},\ 0<x<1$$

이고, 이 분포의 최고점이 $x^* := \dfrac{\alpha-1}{\alpha+\beta-2}$에 있고 기대값은 $\dfrac{\alpha}{\alpha+\beta}$이다. 따라서 베르누이 파라미터 θ에 대한 베이즈 점 추정값은 다음과 같다.

$$\hat{\theta} = \frac{s}{n} \quad \text{또는} \quad \tilde{\theta} = \frac{s+1}{n+2}.$$

예 2. 정규분포 $N(\theta, \sigma^2)$의 중심 θ에 대한 추론 (σ^2은 상수로 간주)

모집단을 정규분포로 모형화하기로 하는데 θ에 대한 사전 정보가 전혀 없는

$$\theta \sim \text{uniform}(-\infty, \infty)$$

를 고려하자. 물론 $(-\infty, \infty)$에서는 균일분포가 엄밀한 의미에서는 정의되지 않는다. 그러나 $\pi(\theta) = c$ (상수)로 놓으면

$$\begin{aligned}
\pi(\theta \mid x_1, x_2, \cdots, x_n) &\propto f(x_1, x_2, \cdots, x_n \mid \theta)\,\pi(\theta) \\
&\propto f(x_1, x_2, \cdots, x_n \mid \theta) \\
&= \prod_{i=1}^{n} \frac{1}{\sqrt{2\pi}\,\sigma} e^{-\frac{(x_i-\theta)^2}{2\sigma^2}} \\
&\propto e^{-\sum_{i=1}^{n}\frac{(x_i-\theta)^2}{2\sigma^2}} \propto e^{-\frac{n(\theta-\bar{x})^2}{2\sigma^2}}.
\end{aligned}$$

위 식의 최종 표현을 보면 θ의 후後분포가 $N(\bar{x}, \frac{\sigma^2}{n})$임을 알 수 있다($x_1, x_2, \cdots, x_n$에 조건화하여). 따라서 중심 파라미터 θ에 대한 베이즈 점 추정값은 다음과 같다.

$$\hat{\theta} = \bar{x}, \quad \tilde{\theta} = \bar{x}.$$

베이즈 신뢰구간(Bayesian confidence interval, 신용구간 credible interval)은 θ에 대한 후後분포에서 곧장 나온다. 즉, $\pi(\theta \mid x_1, \cdots, x_n)$에서 밀도가 높은 중앙의 $1-\alpha$ 영역을 찾으면 된다. 또는 왼쪽 꼬리에서 $\alpha/2$ 영역, 오른쪽 꼬리에서 $\alpha/2$ 영역을 떼 내면 된다. 후자가 계산이 쉽다.

예 1 (계속, Bernoulli 파라미터). 이항확률 θ를 찾기 위한 $n=100$회의 시도에서 성공 수 s가 58이었다고 하자. θ에 대한 전분포로 uniform$(0,1)$을 전제하는 경우 후분포는 베타 분포 Beta$(59, 43)$이다. <그림 1>이 분포의 밀도함수를 그린 것이다. 아래·위 2.5% 분위수를 구하면 $0.482, 0.672$이다. 따라서 θ에 대한 95% 신뢰구간은 $(0.482, 0.672)$.

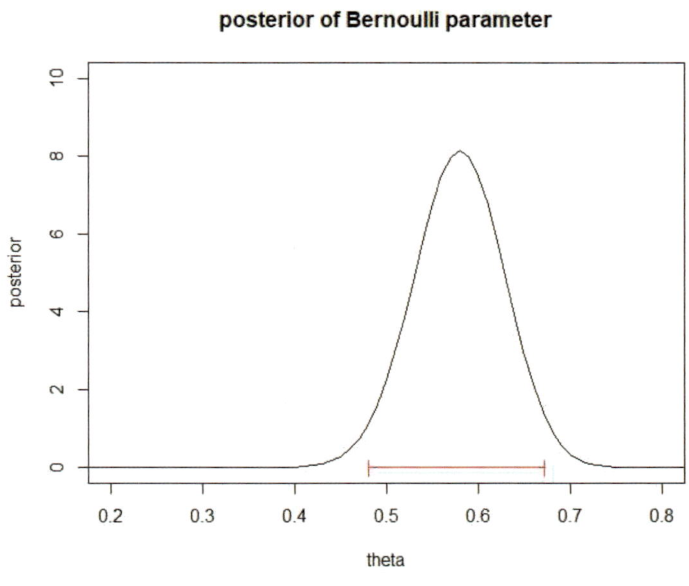

<그림 1> 베타분포 Beta$(59, 43)$: $(0.482, 0.672)$에서 95%의 확률

R 코딩: 베르누이 파라미터에 대한 베이즈 신뢰구간과 시각화

```
# Bayesian confidence interval for Bernoulli parameter
n <- 100
s <- 58
x <- seq(0,1,0.01)
y <- dbeta(x, s+1, n-s+1)
q <- qbeta(c(0.025, 0.975), s+1, n-s+1)
round(q,3)  ##  0.482, 0.672

plot(x, y, type="l", xlim=c(0.2, 0.8), ylim=c(0,10), xlab="theta",
    ylab="posterior", main="posterior of Bernoulli parameter")
text(q[1], 0, "|", col="red")
text(q[2], 0, "|", col="red")
segments(q[1],0,q[2],0, col="red")
```

Python 코딩: 베르누이 파라미터에 대한 베이즈 신뢰구간

```
# Bayesian confidence interval for Bernoulli parameter
import numpy as np
import matplotlib.pyplot as plt
import scipy.stats as stats
n = 100
s = 58
q = stats.beta.ppf([0.025, 0.975], s + 1, n - s + 1) q
     ## array([0.4818182 , 0.67213012])

x = np.arange(0, 1.01, 0.01)
y = stats.beta.pdf(x, s + 1, n - s + 1)
plt.plot(x, y, color='blue')
plt.xlim(0.2, 0.8)
plt.ylim(0, 10)
plt.xlabel('theta')
plt.ylabel('posterior')
plt.title('Posterior of Bernoulli parameter')
plt.grid(True)
plt.text(q[0], 0, '|', color='red')
plt.text(q[1], 0, '|', color='red')
plt.show()
```

예 2 (계속, 정규분포의 중심 θ). 정규 모집단 $N(\theta, \sigma^2)$을 전제하자. θ에 대해 전全구간 균일 분포를 가정하면, $x_1, x_2, \cdots, x_n$에 조건화하여, θ에 대한 후 분포는 $N(\bar{x}, \sigma^2/n)$이다. 따라서 θ에 대한 베이즈 95% 신뢰구간은

$$(\bar{x} - 1.96\frac{\sigma}{\sqrt{n}}, \bar{x} + 1.96\frac{\sigma}{\sqrt{n}})$$

이다. 빈도론에 의한 신뢰구간과 같지만 해석에서 차이가 있다.

모母분포 $f_X(x;\theta)$의 θ에 부여한 선先확률분포(prior probability distribution)이 속한 분포 족(family of distribution)과 $x_1, x_2, \cdots, x_n$을 얻고나서 업데이트된 θ의 후後확률분포의 분포 족이 동일할 때 그 분포 족을 **켤레**(conjugate) 관계라고 한다. 예를 들어, 베르누이 파라미터 θ에 대한 선先분포로 베타 분포 Beta (α, β)를 가정하면[1] $x_1, x_2, \cdots, x_n$을 얻고 나서 업데이트된 θ의 후後분포가 Beta $(s+\alpha, n-s+\beta)$이다. 즉 선先분포와 후後분포가 동일한 베타 분포 족이다.

예 3. 모母분포 $f_X(x;\theta)$가 포아송 분포 Poisson (θ)인 경우를 생각하자. $\theta \sim$ Gamma (α, β)를 따른다고 하자 (선先분포). 감마 분포 Gamma (α, β)의 밀도함수는

$$\pi(\theta;\, \alpha, \beta) = \frac{1}{\Gamma(\alpha)\beta^{\alpha}}\theta^{\alpha-1}e^{-\frac{\theta}{\beta}},\ \theta > 0$$

이고 기대값과 분산은 각각 $\alpha\beta$와 $\alpha\beta^2$이다. 임의표본을 $x_1, x_2, \cdots, x_n$으로 표기하면 $\sum_{i=1}^{n} X_i \sim$ Poisson $(n\theta)$이므로, θ의 후後분포는

$$\pi(\theta \mid x_1, \cdots, x_n) \ \propto\ \theta^{\alpha-1}e^{-\frac{\theta}{\beta}} \cdot (n\theta)^{\sum_{i=1}^{n} x_i} e^{-n\theta} \ \propto\ \theta^{\alpha-1+\sum_{i=1}^{n} x_i} e^{-(\frac{1}{\beta}+n)\theta},$$

즉 감마분포 Gamma $(\alpha + \sum_{i=1}^{n} x_i,\ (\frac{1}{\beta}+n)^{-1})$이다. 이 분포의 기대값이 θ에 대한 베이즈 점 추정 값 $\tilde{\theta}$이 된다:

$$\tilde{\theta} = \frac{\alpha + \sum_{i=1}^{n} x_i}{\frac{1}{\beta}+n} = \frac{\frac{1}{\beta}\cdot\alpha\beta + n\cdot\bar{x}}{\frac{1}{\beta}+n}.$$

---

1) 균일분포 uniform $(0,1)$은 $\alpha=\beta=1$인 베타분포이다.

이것은 선先분포의 기대값 $\alpha\beta$와 표본평균 $\bar{x}$의 가중평균이다.

수치 예: 다음 $10\,(=n)$개 수치는 Poisson (2) 로부터 모의 생성된 값들인데 여기서 관측 표본으로 간주하자.

$$X = 1, 1, 2, 4, 1, 4, 4, 2, 2, 0. \quad (\text{평균 } \bar{x} = 2.1, \text{ 합계 } \sum_{i=1}^{n} x_i = 21)$$

포아송 파라미터 θ에 대한 선先분포를 Gamma $(1, \beta)$로 하고 β를 표본평균인 2.1 로 놓자.[2] 그러면 θ의 후後분포는 Gamma (α', β')이다. 여기서

$$\alpha' = 1 + \sum_{i=1}^{n} x_i = 22, \ \beta' = (\frac{1}{\beta} + n)^{-1} = (\frac{1}{2.1} + 10)^{-1} = 0.09545$$

이다. 후後분포의 (0.025, 0.975) 분위수를 구해보면 (1.32, 3.06)이 나오는데 이것이 θ에 대한 95% 베이즈 신뢰구간이다. <그림 2>를 보라.

이 문제에서 빈도적 추론이 어떻게 되는지를 보자. Poisson (θ) 분포의 기대값과 분산이 θ이므로 중심극한정리에 의하여

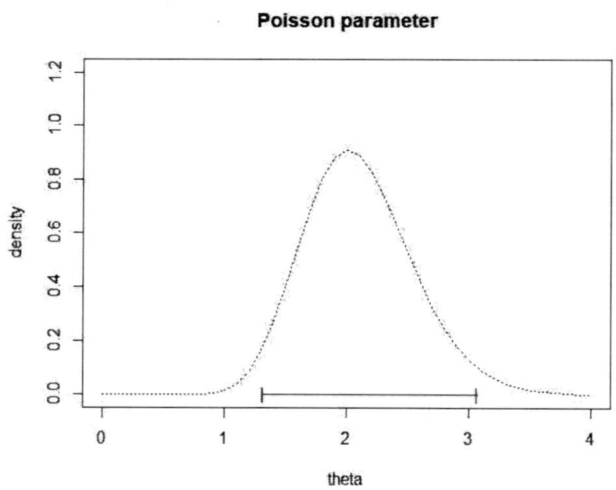

<그림 2> 포아송 파라미터 θ의 후後분포: Gamma(2.2, 0.09545)

---

2) θ의 선 분포인 Gamma(1, β)의 기대값이 β인데 X의 기대값이 θ이므로 $\bar{x}$가 β에 대한 그럴듯한 선택이다.

$$\frac{\overline{X}-\theta}{\sqrt{\dfrac{\theta}{n}}} \sim N(0,1), \text{ 근사적으로}$$

이다. 따라서

$$-1.96 \leqq \frac{\overline{X}-\theta}{\sqrt{\dfrac{\theta}{n}}} \leqq 1.96 \tag{1}$$

이 대략 95%의 확률을 갖는다. 부등식 (1)을 θ로 나타내보자.

$$(1) \;\Rightarrow \left(\frac{\overline{X}-\theta}{\sqrt{\dfrac{\theta}{n}}}\right)^2 \leqq 1.96^2 \;\;\Rightarrow\;\; (\overline{X}-\theta)^2 \leqq 1.96^2\,\frac{\theta}{n}.$$

$$\therefore\; \theta^2-(2\overline{X}+\frac{1.96^2}{n})\theta+\overline{X}^2 \leqq 0\,. \tag{2}$$

(2)는 이차방정식의 2개 근

$$\therefore\; \theta = \frac{1}{2}\left((2\overline{X}+\frac{1.96^2}{n}) \pm \sqrt{\left(2\overline{X}+\frac{1.96^2}{n}\right)^2-4\overline{X}^2}\right)$$

$$=\overline{X}+\frac{1.96^2}{2n} \pm \sqrt{\left(\overline{X}+\frac{1.96^2}{2n}\right)^2-\overline{X}^2}$$

사이에 θ가 끼여 있음을 말한다. 이것이 빈도론에 의한 신뢰구간이다.

수치 예(계속). $\overline{x}=2.1$, $n=10$이므로 (2)의 2개 근을 계산하여,

$$\theta \in (1.37,\, 3.21)$$

를 얻는다. 이 구간에 대한 신뢰수준은 근사적으로 95%이다. 앞에서 베이즈 신뢰구간이 $(1.32,\, 3.06)$이었으므로 크게 다르지 않다.

R 코딩.

```
# Poisson parameter
n <- 10
set.seed(1)
x <- rpois(n, 2)
x
alpha <- 1
beta <- mean(x)
```

```
alpha.1 <- alpha + sum(x)
beta.1 <- 1/(1/beta+n)
theta <- seq(0,4,0.1)
density <- dgamma(theta, shape=alpha.1, scale=beta.1)
plot(density ~ theta, lty="dotted", type="l", ylim=c(0,1.2),
    main="Poisson parameter")
ci.95 <- qgamma(p=c(0.025,0.975), shape=alpha.1, scale=beta.1)
round(ci.95, 2)             ## 1.32, 3.06
text(ci.95,c(0,0),"|",col="blue")
segments(ci.95[1],0,ci.95[2],0,col="blue")

# Poisson parameter: frequentist confidence interval
x.mean <- mean(x); x.mean
root.1 <- x.mean + 1.96^2/2/n - sqrt((x.mean+1.96^2/2/n)^2-x.mean^2)
root.2 <- x.mean + 1.96^2/2/n + sqrt((x.mean+1.96^2/2/n)^2-x.mean^2)
round(c(root.1,root.2),2)   ## 1.37, 3.21
```

예 4. 모분포 $f_X(x;\theta)$가 지수분포 exponential (θ)인 상황에서 $\lambda := \theta^{-1}$로 놓자. λ는 사건의 발생률(occurrence rate)이다. 그리고 λ에 대한 선先분포를 Gamma (α, β)라고 하자. 임의표본을 $f_X(x;\, \lambda) = \lambda\, e^{-\lambda x}$이므로

$$\pi(\lambda \mid x_1, \cdots, x_n) \propto \lambda^{\alpha-1} e^{-\frac{\lambda}{\beta}} \cdot \lambda^n e^{-\lambda \sum_{i=1}^n x_i} \propto \lambda^{\alpha-1+n} e^{-(\frac{1}{\beta}+\sum_{i=1}^n x_i)\lambda},$$

즉 감마 분포 Gamma $(\alpha+n,\ (\frac{1}{\beta}+\sum_{i=1}^n x_i)^{-1})$이다. 따라서 λ에 대한 베이즈 점 추정 값은

$$\tilde{\lambda} = \frac{\alpha+n}{\frac{1}{\beta}+\sum_{i=1}^n x_i}$$

이고, $\lambda := \theta^{-1}$이므로 θ에 대한 베이즈 추정 값은

$$\tilde{\theta} = \frac{\frac{1}{\beta}+\sum_{i=1}^n x_i}{\alpha+n}.$$

θ에 대한 (빈도론적) 최대가능도 추정 값 $\hat{\theta} = \sum_{i=1}^n x_i / n$과 유사하나 차이가 있다.

베이즈 추론은 다양한 문제에 대한 통합적 풀이를 제공한다. 다음 예를 보자.

예 5. 신호의 출처

$x_1, x_2, \cdots, x_n \sim$ i.i.d. $N(\theta, 1)$이고 θ는 0 (확률 0.75) 또는 1 (확률 0.25)이라고 하자. 사후적으로, θ에 대한 베이즈 "최고점" 추정값을 구해보자.

$$\mathrm{P}(\theta \mid x_1, \cdots, x_n) \propto \begin{cases} 0.75\, e^{-\frac{1}{2}\sum_{i=1}^{n} x_i^2}, & \text{for } \theta = 0, \\ 0.25\, e^{-\frac{1}{2}\sum_{i=1}^{n} (x_i - 1)^2}, & \text{for } \theta = 1 \end{cases}$$

이다. 그런데

$$0.75\, e^{-\frac{1}{2}\sum_{i=1}^{n} x_i^2} \leqq 0.25\, e^{-\frac{1}{2}\sum_{i=1}^{n} (x_i - 1)^2} \Leftrightarrow \bar{x} \geqq 0.5 + \frac{1}{n}\log_e 3$$

이므로

$$\hat{\theta}_{MAP} = \begin{cases} 1, & \bar{x} \geqq 0.5 + \frac{1}{n}\log_e 3, \\ 0, & \text{otherwise} \end{cases}$$

이다. 베이즈 추론은 이런 분류(classification) 문제에서 최적 해를 제공한다.

연습문제

1. 지수분포 exponential(θ)의 기대값 파라미터 θ에 대한 베이즈 95% 신뢰구간을 산출하라. 관측 표본은 다음과 같다 ($n = 24$, $\bar{x} = 2.13$).

3.73	0.81	0.29	3.46	0.18	1.33	2.15	3.02
2.63	0.31	1.49	2.49	1.35	3.18	2.16	1.59
2.89	8.98	3.41	1.24	0.71	1.38	1.67	0.67

   단, $\lambda := \theta^{-1}$에 대한 선先분포를 Gamma(α, β), $\alpha = 2, \beta = 1/\bar{x}$로 할 것.[3)]

2. 앞의 문제를 빈도론으로 접근하여 θ에 대한 95% 신뢰구간을 산출하라.

---

3) 이렇게 설정한 이유는 $E(\bar{X} \mid \theta) = \theta$인데 $\alpha = 2$인 경우 $E_{\text{prior}}(\theta) = E_{\text{prior}}(\lambda^{-1}) = \beta^{-1}$이기 때문이다.

3. 확률변수 X가 이항분포 $B(n, \theta)$를 따른다 ($n = 100$). 그런데 이항비율 θ는 0.75의 확률로 베타분포 Beta (α, β)에서 나오고 0.25의 확률로 Beta (β, α)에서 나온다고 하자 ($\alpha = 3,\ \beta = 5$). X의 관측 값이 $x\,(= 0, 1, \cdots, n)$일 때 θ가 어느 베타분포에서 나왔을 것으로 보는 것이 합리적일까?

10장. 가설 검정

과학적 연구자들은 자신의 희망적 믿음인 H_1을 데이터로 입증하고자 한다. 과학적 과정은 치열한 논쟁으로 구성된다. H_1의 인정은 타他과학자들의 회의적 시선인 H_0의 기각을 의미한다. 두 가설 H_1과 H_0는 배반적이다.

H_1 (연구가설, **대안代案가설**; alternative hypothesis). 예: 차이가 있다. 관련이 있다.

H_0 (귀무가설, **영零가설**; null hypothesis), 예: 차이가 없다. 관련이 없다.

연구자는 실증적 증거인 데이터에 의해 H_1을 지지받고자 한다. 그러나 증거부족으로 H_1을 인정받는 데 실패하기도 한다. 두 가지 종류의 오류가 생긴다.

제1종 오류: H_0가 참인데도 불구하고 운 좋게 H_1이 인정되는 경우,

제2종 오류: H_1이 참인데도 불구하고 증거부족으로 H_0에 되돌아가는 경우.

통계적 가설검정은 제1종 오류를 일정한 확률 α로 묶고 제2종 오류의 확률을 최소화한다.

통계적 가설검정은 사전 제시된 통계량 $T = t(X_1, \cdots, X_n)$에 근거한다. "검정통계량" T가 큰 실현 값을 가질수록 H_0가 강하게 부정된다.

$$p\text{-}\mathbf{값}\ (p\text{-value}) := P(T \geq t\,;H_0).$$

따라서 p-값은 H_0 하에서 통계량 T가 실현 값 t를 포함, 그것 이상의 큰 값을 취할 확률이다. p-값이 유의수준(significance level)이라고 불리는 α보다 작아야 대안가설 H_1이 인정된다. 그렇지 않으면 증거부족으로 영가설 H_0에 되돌아간다.

유의수준 α에 공인된 기준이 있는 것은 아니다. 비교적 덜 엄격한 분야에서는 $\alpha = 0.05$가 통용된다. 그러나 엄격성이 강한 분야에서는 $\alpha = 0.01$ 정도가 요구된

다. 엄격성의 분류는 연구결과의 수용자가 한다. 그렇기에 가설검정의 보고 시에 반드시 p-값이 되어야 한다.

통계적 가설 검정의 제 절차:

1. 영가설 H_0과 대안가설 H_1을 써 놓는다.
2. 검정 통계량 T를 선정하고 영가설 H_0에서의 확률 분포를 구한다.
3. 데이터 $x_1, \cdots, x_n$을 수집한다.
4. T의 값 t와 p-값을 산출한다.
5. p-값 $\leq \alpha$이면 대안가설 H_1을 인정한다. 그렇지 않으면 H_0(없음)에 되돌아간다(歸無).

이상의 검정 과정에서 통계량 T가 관건인데 다음의 보조정리로 찾아진다.

네이만-피어슨 보조정리 Neyman-Pearson Lemma.

$H_0 : \theta = \theta_0$ vs. $H_1 : \theta = \theta_1$의 상황에서, 제1종 오류가 일정 수준 이내의 검정들 중에서 가능도 비 검정(likelihood ratio test)이 제2종 오류가 가장 작다:

$$H_0\text{를 기각} \quad \Leftrightarrow \quad \Lambda(x_1, \cdots, x_n) := \frac{L(\theta_1; x_1, \cdots, x_n)}{L(\theta_0; x_1, \cdots, x_n)} \geq c,$$

여기서 c는 상수이다. [증명 생략]

예 1. 정규분포 $N(\theta, \sigma^2)$에서 $H_0 : \theta = \theta_0$ vs. $H_1 : \theta > \theta_0$를 검정하자 (σ^2이 사전에 정해진 경우).

$\theta_1 > \theta_0$에 대하여

$$\Lambda(x_1, \cdots, x_n) := \frac{L(\theta_1; x_1, \cdots, x_n)}{L(\theta_0; x_1, \cdots, x_n)}$$

$$= \frac{e^{-\frac{1}{2\sigma^2}\sum_{i=1}^{n}(x_i - \theta_1)^2}}{e^{-\frac{1}{2\sigma^2}\sum_{i=1}^{n}(x_i - \theta_0)^2}} = e^{\frac{1}{\sigma^2}\left((\theta_1 - \theta_0)\sum_{i=1}^{n} x_i - \frac{n}{2}(\theta_1^2 - \theta_0)^2\right)}$$

이므로

$$\begin{aligned} &\Lambda(x_1, \cdots, x_n) \geq c \\ &\quad\Rightarrow \quad (\theta_1 - \theta_0)\sum_{i=1}^{n} x_i - \frac{n}{2}(\theta_1^2 - \theta_0)^2 \ \geq c' \\ &\quad\Rightarrow \quad \sum_{i=1}^{n} x_i \geq c''. \end{aligned}$$

따라서 검정통계량을 $T := \sum_{i=1}^{n} X_i$ 로 잡는다. 그런데 T는 $H_0 : \theta = \theta_0$ 하에서 $N(n\theta, n\sigma^2)$을 따른다. 그러므로 T의 실현 값을 $t(= n\overline{x})$라고 할 때

$$\begin{aligned} p\text{-값} &= \mathrm{P}\,(\sum_{i=1}^{n} X_i \geq t;\, \theta_0, \sigma^2) = \mathrm{P}\,(\sum_{i=1}^{n} X_i \geq n\overline{x};\, \theta_0, \sigma^2) \\ &= \mathrm{P}\,(Z \geq z;\, H_0) = \overline{\Phi}(z) \end{aligned}$$

이다. 여기서

$$Z = \frac{\sum_{i=1}^{n} X_i - n\theta_0}{\sqrt{n}\,\sigma}, \quad z = \frac{\sum_{i=1}^{n} x_i - n\theta_0}{\sqrt{n}\,\sigma} = \sqrt{n}\,\frac{\overline{x} - \theta_0}{\sigma}$$

이고, H_0 하에서 $Z \sim N(0,1)$이고 $\overline{\Phi}(z)$은 $N(0,1)$에서 z의 오른쪽 꼬리 확률이다.

계산 예: 정규분포 $N(0.4, 1)$에서 몬테칼로 모의생성된 크기 $n(=10)$의 표본으로 $H_0 : \theta = 0$ vs. $H_1 : \theta > 0$을 검정하기.

R 코딩.

```
# normal distribution mean
set.seed(1)
n <- 10
x <- rnorm(n, 0.4, 1)
x
## -0.22645381  0.58364332 -0.43562861  1.99528080  0.72950777
## -0.42046838  0.88742905  1.13832471  0.97578135  0.09461161
z <- sqrt(n) * mean(x)
p.value <- 1 - pnorm(z, 0, 1)
print(p.value, 4)
## 0.04619
```

p-값이 0.046으로 나타났다.

Python 코딩: 정규분포의 중심에 대한 z-검정

```
# normal distribution mean
import numpy as np
import scipy.stats as stats
n = 10
x = np.random.normal(loc=0.4, scale=1, size=n)
print(x)
## [ 0.55494743  0.77816252 -0.48778575 -1.58079647  0.05208785
##   0.55634897  1.63029068  1.60237985  0.01267318  0.09769725]
z = np.sqrt(n) * np.mean(x)
p_value = 1 - stats.norm.cdf(z, loc=0, scale=1)
print(round(p_value, 4))
## 0.1546
```

예 2. 포아송 분포 Poisson(θ)에서 $H_0 : \theta = \theta_0$ vs. $H_1 : \theta > \theta_0$를 검정하자.

$\theta_1 > \theta_0$에 대하여

$$\begin{aligned} \Lambda(x_1, \cdots, x_n) &:= \frac{L(\theta_1; x_1, \cdots, x_n)}{L(\theta_0; x_1, \cdots, x_n)} \\ &= \frac{\theta_1^{\sum_{i=1}^n x_i} e^{-n\theta_1}}{\theta_0^{\sum_{i=1}^n x_i} e^{-n\theta_0}} \left(\frac{\theta_1}{\theta_0}\right)^{\sum_{i=1}^n x_i} e^{-n\theta_1 + n\theta_0} \end{aligned}$$

이므로

$$\Lambda(x_1, \cdots, x_n) \geq c \Rightarrow \sum_{i=1}^n x_i \geq c'.$$

따라서 검정통계량을 $T := \sum_{i=1}^n X_i$로 정의한다. 그런데 T는 $H_0 : \theta = \theta_0$하에서 포아송 분포 Poisson$(n\theta_0)$을 따른다.

그러므로 T의 실현 값을 $t \ (= \sum_{i=1}^n x_i)$라고 할 때

$$p\text{-값} = \mathrm{P}(T \geq t; \theta_0) = \mathrm{P}(T \geq \sum_{i=1}^n x_i; \theta_0)$$

이다. 여기서 p-값은 Poisson$(n\theta_0)$ 분포에서 $n\bar{x}$의 오른쪽 꼬리 확률이다 (이산형 분포이므로 경계 값 포함).

계산 예: 포아송 분포 Poisson(1.4)에서 임의 생성된 크기 $n(=10)$의 표본으로 $H_0 : \theta = 1$ vs. $H_1 : \theta > 1$을 검정하기 위한 p-값의 산출.

R 코딩.

```
# poisson mean
set.seed(1)
n <- 10
x <- rpois(n, 1.4)
x
## 1 1 1 3 0 3 3 2 2 0
t <- sum(x)
p.value <- 1 - ppois(t-1, lambda=n)
print(p.value, 4)
## 0.04874
```

Python 코딩: 포아송 분포의 중심에 대한 통계적 검정

```
# poisson mean
import numpy as np
import scipy.stats as stats
n = 10
x = np.random.poisson(lam=1.4, size=n)
print(x)
# [0 3 3 0 0 2 2 1 2 0]
t = np.sum(x)
p_value = 1 - stats.poisson.cdf(t - 1, mu=n)
print(round(p_value, 4))
# 0.2084
```

두 표본 t-검정(two-sample t-test)은 $H_0 : \theta_1 = \theta_2$ vs. $H_1 : \theta_1 > \theta_2$을 검정한다. 여기서 θ_1은 집단 1의 모평균(기대값)이고 θ_2의 집단 2의 모평균(기대값)이다. 집단 1에서 임의표본 $x_{11}, \cdots, x_{1n_1}$이 수집되었고 독립적으로 집단 2에서 임의표본 $x_{21}, \cdots, x_{2n_2}$이 수집되었다고 하자.

집단 1의 모분포를 $N(\theta_1, \sigma^2)$으로, 집단 2의 모분포를 $N(\theta_2, \sigma^2)$으로 가정하자.

여기서 σ^2 은 알려지지 않은 두 집단의 공통 분산이다. t-검정에서 검정통계량은

$$T := \frac{\overline{X}_1 - \overline{X}_2}{\sqrt{S^2\left(\frac{1}{n_1} + \frac{1}{n_2}\right)}}$$

이다. 여기서 $\overline{X}_j := \frac{1}{n_j}(X_{j1} + \cdots + X_{jn_j})$이고 $(j=1,2)$, S^2은 공통 표본분산이다. 즉,

$$S^2 := \frac{1}{n_1 - 1 + n_2 - 1}\left(\sum_{i=1}^{n_1}(X_{1j} - \overline{X}_1)^2 + \sum_{i=1}^{n_2}(X_{2j} - \overline{X}_2)^2\right).$$

영가설 하에서 T에 적용되는 분포는 t-분포(자유도 $df = n_1 + n_2 - 2$)이다. p-값은 $\mathrm{P}(T_{n_1+n_2-2} \geq t)$에서 얻어진다. 여기서 T_k는 자유도 k의 t-변수이고 t는 T의 실현 값이다.

이제까지는 영가설 H_0 하에서 검정 통계량 T의 분포에 모수적 가정을 하였으나 대안적 방법이 있다. **임의순열 검정**(random permutation test)이 대표적이다.

두 표본 임의순열 검정(two-sample random permutation test)은 H_0를 "집단 1의 분포와 집단 2의 분포가 같다"로 하고 H_1을 "집단 1의 분포가 집단 2의 분포의 우측에 있다"로 설정한다. 따라서 H_0가 맞으면 집단 1의 기대값 θ_1과 집단 2의 기대값 θ_2가 같다. 반면, H_1이 맞으면 θ_1이 θ_2보다 클 것이다$(\theta_1 > \theta_2)$.

검정 통계량을 $T := \overline{X}_1 - \overline{X}_2$로 하자. 영가설 H_0하에서 T의 분포는 길이 $n_1 + n_2$의 데이터 값 벡터

$$(X_{11}, \cdots, X_{1n_1}, X_{21}, \cdots, X_{2n_2})$$

의 모든 순열이 확률적으로 동등하다는 사실로부터 생성된다. 그런데 모든 순열의 수는 $n_1 + n_2$가 증가함에 따라 걷잡을 수 없게 커지므로, 모든 순열을 고려하기 보다는, 일정 수 $N(=10{,}000)$개 순열을 임의 선택하여 통계량 T의 가상적인 실현 값들

$$t^{(1)}, t^{(2)}, \cdots, t^{(N)}$$

을 만들어내 그들로 영가설 H_0하에서의 T의 분포를 근사해내자.

따라서 p-값은 $t^{(1)}, t^{(2)}, \cdots, t^{(N)}$ 중에서 $T \geq t (:= \bar{x}_1 - \bar{x}_2)$인 것들의 비율로 산출된다. 즉, 임의순열 검정에 따른 p-값은 다음과 같다.

$$p\text{-값} = \frac{1}{N} \sum_{k=1}^{N} I(t^{(k)} \geq t).$$

예 3. sleep 데이터

이 사례는 불면증 연구에서 나온 것으로 데이터는 2개의 변수로 구성되어 있다. 타겟 변수는 extra로 약 복용 후 늘어난 수면시간이며 group는 대조(=1), 처리(=2)이다. 즉, 연구자의 관심은 처리 그룹에서 수면시간이 대조 그룹의 수면 시간보다 크다는 데 있다. 두 표본 t-검정을 적용해보자.

R 코딩.

```
# two-sample t-test, sleep data
data(sleep)
t.test(extra ~ group, alternative="less", data=sleep)
## Welch Two Sample t-test
## data:  extra by group
## t = -1.8608, df = 17.776, p-value = 0.0397
## alternative hypothesis: true difference in means between group 1
and
## group 2 is less than 0
## 95 percent confidence interval:
##        -Inf -0.1066185
## sample estimates:
## mean in group 1 mean in group 2
##            0.75            2.33
```

t-검정의 결과 p-값이 4.0%로 나타났다. 이제 임의순열 검정을 적용해보자.

R 코딩.

```
# two-sample permutation test, sleep data
grp <- sleep$group
x <- sleep$extra
t <- mean(x[grp == 2]) - mean(x[grp == 1])
```

```
t
## 1.58
N <- 10000
tally <- 0
t.star <- rep(0, N)
for (i in 1:N) {
    grp.star <- sample(grp)
    t.star[i] <- mean(x[grp.star == 2]) - mean(x[grp.star == 1])
    if(t.star[i] >= t) tally <- tally + 1
}
p.value <- tally / N
p.value
## 0.0418
hist(t.star, nclass=20, main="permuted difference between groups",
     xlab="difference in means")
abline(v = t, lty="dotted", col="red")
```

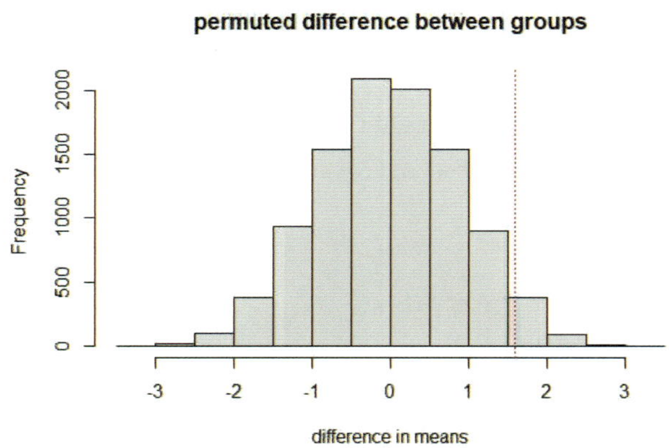

<그림 1> 두 표본의 비교를 위한 임의순열 검정에서의 영가설 분포

임의순열 검정에 따른 p-값이 0.0418로 나타났다 (그림 1에서 수직 점선 오른쪽 영역의 확률). t-검정에 따른 p-값이 0.0397이었으므로 별로 차이가 나지 않는다. 신기하게도 (또는 당연하게도).

Python 코딩: 두 표본의 평균 차이에 대한 t-검정과 임의순열 검정

```
# two-sample t-test and permutation test, sleep data
import statsmodels.api as sm
sleep = sm.datasets.get_rdataset("sleep")['data']

import pandas as pd
import numpy as np
from scipy.stats import ttest_ind
group1 = sleep[sleep['group'] == 1]['extra']
group2 = sleep[sleep['group'] == 2]['extra']
t_stat, double_p = ttest_ind(group1, group2, equal_var=False)

# the test is one-sided and we're testing if group1 < group2
if np.mean(group1) < np.mean(group2):
    p_value = double_p / 2.
else:
    p_value = 1.0 - double_p / 2.
print("t statistic:", t_stat)
## t statistic: -1.8608134674868526
print("p-value:", p_value)
## p-value: 0.039697070093679114

import numpy as np
import matplotlib.pyplot as plt
grp = sleep['group']
x = sleep['extra']
observed_t = np.mean(x[grp == 2]) - np.mean(x[grp == 1])
print("Observed test statistic:", observed_t)
## Observed test statistic: 1.5799999999999996

## Permutation test
N = 10000
t_star = np.zeros(N)
for i in range(N):
    grp_star = np.random.permutation(grp)
    t_star[i] = np.mean(x[grp_star == 2]) - np.mean(x[grp_star == 1])
```

```
# Calculate the p-value
p_value = np.mean(t_star >= observed_t)
print("Permutation p-value:", p_value)
## Permutation p-value: 0.0413
```

임의순열 검정은 두 표본 평균 비교 외에도 두 변수 간 상관성 검정 등 여러 문제 등에 적용가능하다.

연습문제

1. 베르누이 분포 Bernoulli(θ)에서 크기 n의 표본 $x_1, \cdots, x_n$을 얻었다고 하자. $H_0: \theta = \theta_0$ vs. $H_1: \theta > \theta_0$를 검정하라. 1) 네이만-피어슨 보조정리를 적용하여 검정통계량 T를 정하라. 2) 영가설 H_0 하에서 T의 분포를 유도하고 p-값의 산출방법을 제시하라.

2. 지수분포 exponential(θ)에서 크기 n의 표본 $x_1, \cdots, x_n$을 얻었다고 하자. $H_0: \theta = \theta_0$ vs. $H_1: \theta > \theta_0$를 검정하라. 1) 네이만-피어슨 보조정리를 적용하여 검정통계량 T를 정하라. 2) 영가설 H_0 하에서 T의 분포를 유도하고 p-값의 산출방법을 제시하라.

3. 모상관이 ρ인 이변량 정규분포에서 크기 n의 표본 $(x_1, y_1) \cdots, (x_n, y_n)$을 얻었다고 하자. $H_0: \rho = 0$ vs. $H_1: \rho > 0$를 검정하라. $\rho = 0.25$인 모집단에서 크기 $n = 50$인 데이터를 모의생성하여

   1) 빈도론적에서는 검정통계량을 $T := \sqrt{n-2}\frac{r}{\sqrt{1-r^2}}$로 한다. H_0 하에서 T의 분포가 $t(df = n-2)$임을 활용하여 p-값을 산출하라.

   2) 임의순열 검정의 방법을 제시하라.

11장. 회귀모형

관심 변수가 수치형(연속형)인 다변량 데이터 분석에서 회귀모형은 그 변수의 변이가 무엇과 어떻게 연관되어 있는가를 확인해준다. 이 장에서는 선형회귀(linear regression)와 비모수적 회귀모형의 일종인 lowess를 다룬다.

수치형 관심 변수 Y에 대하여 그것과 연관성이 있을 것으로 생각된 제2의 변수 X가 수치형인 경우 자연스러운 시각화 도구는 산점도(散點圖, scatter plot)이다. 예로서, cars 데이터에서 speed(= 자동차 속도)와 dist(= 제동 거리) 간 관계를 보자. <그림 1>이 dist 대 speed의 산점도이다. 당연하게, speed가 클수록 dist가 길어진다. 그러면 speed의 특정 값에서 기대되는 dist는 얼마일까? 이에 답하기 위하여 다음과 같이 문제에 접근한다.

목표변수(target variable; 반응변수, 종속변수)를 Y로 표기하고 이 변수와 연관된 제2의 변수인 공변량(covariate; 설명변수, 예측변수)을 X로 표기하자. Y에 영향을 주는 변수가 X 말고도 여러 개가 있을 수 있으므로 그런 요인들의 총체적 효과를 ϵ으로 표기하자. 이를 수식화하여

$$Y = h(X; \underline{\theta}) + \epsilon, \qquad \epsilon \sim N(0, \sigma^2) \tag{1}$$

으로 나타내보자. 여기서 $N(0, \sigma^2)$은 꼭 정규분포라기보다는 대략 "0을 중심으로 대칭적이고 일정한 산포 σ를 갖는 확률분포"이다. 그리고 $h(X; \underline{\theta})$는 $\underline{\theta}$에 의해 인덱스되는 일정 유형 군에 속하는 X의 함수를 말한다. (1)을 **회귀모형**(回歸模型, regression model)이라고 한다.

단순선형회귀(simple linear regression)는 회귀모형 (1)의 가장 간단한 형태이다. 즉,

$$Y = \beta_0 + \beta_1 X + \epsilon, \quad \epsilon \sim N(0, \sigma^2) \tag{2}$$

이고 여기서 (β_0, β_1)가 모형 식 (1)의 $\underline{\theta}$에 해당한다. 모형의 적합을 위해 데이터가 준비되었다고 하자: $(x_1, y_1), \cdots, (x_n, y_n)$, $n \geqq 2$.

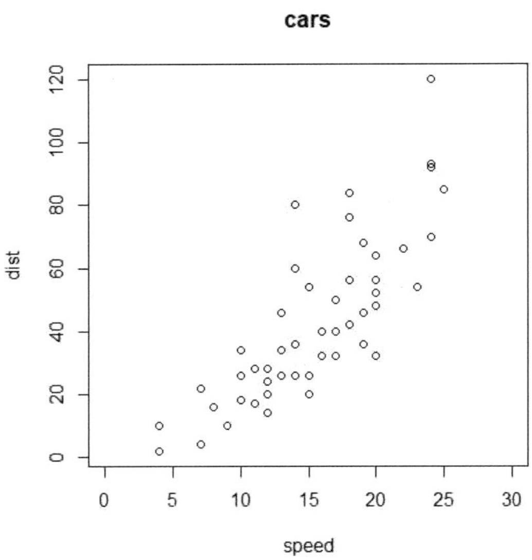

<그림 1> dist 대 speed의 산점도

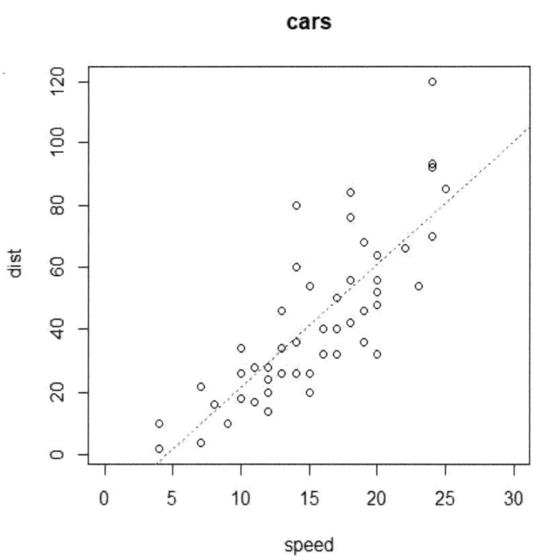

<그림 2> dist를 speed에 선형 회귀한 결과

(2)에서 β_0와 β_1을 정하는 방법은 **최소제곱법**(least squares method), 즉

$$\min_{\beta_0, \beta_1} \sum_{i=1}^{n} (y_i - \beta_0 - \beta_1 x_i)^2 \tag{3}$$

인데, 이것의 해는 다음과 같이 주어진다.[1]

$$\hat{\beta}_1 = \frac{\sum_{i=1}^{n} (x_i - \overline{x})(y_i - \overline{y})}{\sum_{i=1}^{n} (x_i - \overline{x})^2}, \quad \hat{\beta}_0 = \overline{y} - \hat{\beta}_1 \overline{x}$$

이다. cars 데이터 사례에서 β_0와 β_1의 적합 값은 각각 -17.6과 3.93이다. <그림 2>에서 점선은 dist를 speed에 선형 회귀한 결과를 보여준다.

R 코딩:

```
# simple linear regression
data(cars)
str(cars)
## 'data.frame':   50 obs. of  2 variables:
##  $ speed: num  4 4 7 7 8 9 10 10 10 11 ...
##  $ dist : num  2 10 4 22 16 10 18 26 34 17 ...
attach(cars)
mod.1 <- lm(dist ~ speed)
mod.1
## Coefficients:
## (Intercept)        speed
##     -17.579        3.932
plot(dist ~ speed, xlim=c(0,30), main="cars")
abline(lm(dist ~ speed), col="red", lty="dotted")
```

Python 코딩:

```
# simple linear regression
import pandas as pd
import numpy as np
import statsmodels.api as sm
```

1) (3)을 β_0와 β_1으로 편미분하여 0으로 놓은 선형연립방정식을 풀어 얻어진다.

```
import matplotlib.pyplot as plt

cars = sm.datasets.get_rdataset("cars", package="datasets")['data']
cars.head(5)

fig = plt.subplots(figsize =(6, 6))
plt.scatter(cars.speed, cars.dist)
plt.title("cars")
plt.xlabel("speed")
plt.ylabel("dist")
m, b = np.polyfit(cars.speed, cars.dist, 1)
plt.plot(cars.speed, m * cars.speed + b)
plt.show()

X = sm.add_constant(cars.speed)
Y = cars.dist
model = sm.OLS(Y, X)
model_fit = model.fit()
print(model_fit.summary())
```

<그림 2>에서 관측된 개체 점들과 적합 선을 대조해보면 회귀선으로 직선보다는 아래로 볼록하게 약간 휜 곡선이 낫지 않을까 싶다. 이에 대하여는 이후 일종의 비모수적 회귀인 lowess에서 다룬다.

수치형 목표변수 Y에 대하여 숙고해보면, 처음의 공변량 X 외에 제2, 제3, ⋯의 공변량이 있지 않을까 하는 생각이 들 것이다. 그런 공변량들 $X_1, X_2, \cdots, X_p$를 데이터로 확보했다고 하자 $(n \geq p+1)$. 그러면 Y에 대한 회귀모형이

$$Y = h\,(X_1, X_2, \cdots, X_p; \underline{\theta}\,) + \epsilon\,,\ \epsilon \sim N(0, \sigma^2)$$

로 표현된다. 그리고 이것의 선형적 형태는

$$Y = \beta_0 + \beta_1 X_1 + \beta_2 X_2 + \cdots + \beta_p X_p + \epsilon\,,\ \epsilon \sim N(0, \sigma^2) \tag{4}$$

이다. 이런 회귀모형이 **다중선형회귀**(multiple linear regression)이다.

모형 (4)의 적합을 위해서 $(1+p)$-변량 데이터

$$(x_{11}, x_{12}, \cdots, x_{1p}, y_1), \cdots, (x_{n1}, x_{n2}, \cdots, x_{np}, y_n)$$

이 확보된 이후, $\beta_0, \beta_1, \cdots, \beta_p$의 해(解)는 최소제곱법, 즉 잔차제곱 합의 최소화

$$\min_{\beta_0, \beta_1, \cdots, \beta_p} \sum_{i=1}^{n} (y_i - \beta_0 - \beta_1 x_{i1} - \cdots - \beta_p x_{ip})^2$$

을 통해 얻어진다: 행렬대수로부터

$$\hat{\underline{\beta}} = (X^t X)^{-1} X^t \underline{y},$$

여기서 $\underline{\beta}$는 $(\beta_0, \beta_1, \cdots, \beta_p)^t$이고 $\underline{y} = (y_1, \cdots, y_n)^t$이다. 그리고 X는 $1+p$개 열 벡터 $\underline{1}, \underline{x}_1, \cdots, \underline{x}_p$가 병합된 $n \times (1+p)$ 행렬이다:

$$\underline{1} = (1, \cdots, 1)^t, \ \underline{x}_j = (x_{1j}, \cdots, x_{nj})^t, \ j = 1, \cdots, p.$$

즉, $$X = (\underline{1}, \underline{x}_1, \cdots, \underline{x}_p) : n \times (1+p).$$

수치 예를 보자. mosaic 팩키지의 SAT 데이터는 미국수능(scholastic aptitude test)에서 50개 주의 수능점수(평균) sat, 교사의 연봉(평균) salary, 시험응시자 비율 frac 등의 변수들을 담고 있다. sat $(=Y)$를 salary $(=X_1)$과 frac $(=X_2)$에 회귀 시켜보자. 교사연봉이 높을수록, 시험응시자 비율이 낮을수록 수능점수(평균)이 높아질 것으로 예상된다.

```
# multiple linear regression
library(mosaic)
data(SAT)
str(SAT)
## 'data.frame':   50 obs. of  8 variables:
##  $ state : Factor w/ 50 levels "Alabama","Alaska",..: 1 2 3 4 5 ...
##  $ expend: num  4.41 8.96 4.78 4.46 4.99 ...
##  $ ratio : num  17.2 17.6 19.3 17.1 24 18.4 14.4 16.6 19.1 16.3 ...
##  $ salary: num  31.1 48 32.2 28.9 41.1 ...
##  $ frac  : int  8 47 27 6 45 29 81 68 48 65 ...
##  $ verbal: int  491 445 448 482 417 462 431 429 420 406 ...
##  $ math  : int  538 489 496 523 485 518 477 468 469 448 ...
##  $ sat   : int  1029 934 944 1005 902 980 908 897 889 854 ...
attach(SAT)
```

일차적으로 sat $(= Y)$ 를 salary $(= X_1)$ 에 회귀 시켜보자. 그 결과는

```
lm(sat ~ salary)
## Coefficients:
## (Intercept)       salary
##     1158.86         -5.54
```

이다 (salary와 sat 간 상관계수는 -0.44). "교사연봉이 높을수록 수능점수가 낮아진다"는 것이니 이상하지 않은가? 이와 같이 적합 모형이 도저히 합리적이지 않은 경우가 있다. 유력한 원인 중 하나는 Y에 영향을 주면서 X_1과 연관성이 높은 제3의 변수 X_2, 즉 교락변수(交絡變數, confounding variable)의 누락에 있다. 이런 상황을 구원할 교락변수는 시험응시자 비율 frac이다. <그림 3>을 보자 (frac와 salary 간 상관계수는 0.62, frac과 sat 간 상관계수는 -0.89).

```
windows(height=4.5, width=8)
par(mfrow=c(1,2))
plot(frac, salary, main="SAT")
plot(frac, sat, main="SAT")
```

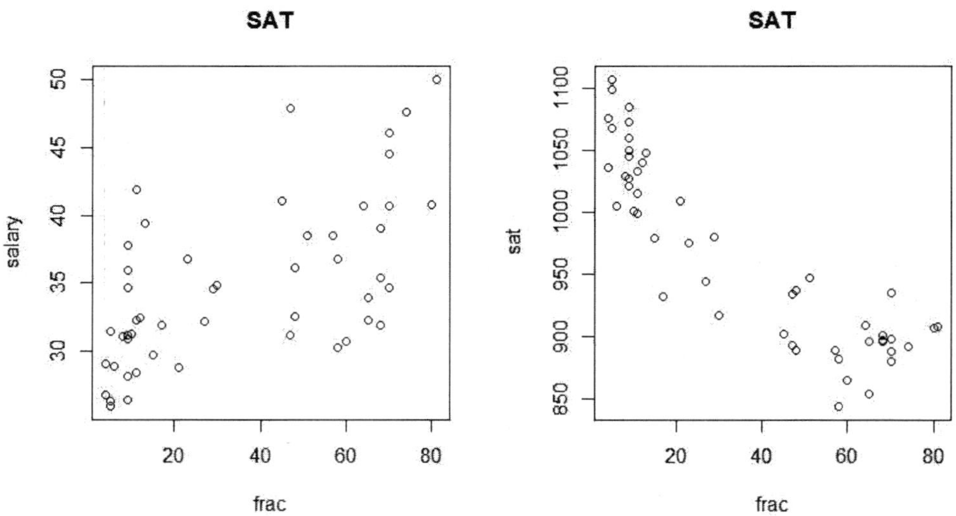

<그림 3> 제3의 변수 frac과 다른 변수들 간의 연관성

종속변수 sat를 2개 설명변수 salary과 frac에 회귀 시킨 결과는 다음과 같다.

```
summary(lm(sat ~ salary + frac))
## Coefficients:
##             Estimate Std. Error t value Pr(>|t|)
## (Intercept) 987.9005    31.8775  30.991   <2e-16 ***
## salary        2.1804     1.0291   2.119   0.0394 *
## frac         -2.7787     0.2285 -12.163    4e-16 ***
## ---
## Residual standard error: 33.69 on 47 degrees of freedom
## Multiple R-squared:  0.8056,    Adjusted R-squared:  0.7973
```

이제 교사연봉 salary의 계수가 플러스로 돌아왔다. 시험응시자 비율 frac이 통제된 상황에서 salary는 플러스 효과를 주는 요인인 것이다. 그리고 시험응시자 비율 frac의 계수가 마이너스인데, 교사연봉 salary가 일정한 수준에서는 응시자가 소수일수록 수능점수가 큰 것은 당연하다.[2)]

앞의 모형 요약에는 추정 회귀계수의 통계적 유의성 검정이 포함되어 있다. 즉, 각 $\hat{\beta}_j$에 대하여 $(j=1, \cdots, p)$ 표준오차(standard error) s.e.$(\hat{\beta}_j)$가 제시되어 있어 $H_0 : \beta_j = 0$ vs. $H_1 : \beta_j > 0$ (또는 $H_1{}' : \beta_j < 0$)를 검정할 수 있다. 이때, 검정 통계량으로

$$T_j = \frac{\hat{\beta}_j - \beta_j}{\text{s.e.}(\hat{\beta}_j)} \sim t(\text{df} = n - p - 1)$$

를 활용한다. 여기서는 s.e.$(\hat{\beta}_j)$의 산출 방법에 대하여는 다루지 않겠다.

수치 예: 앞의 회귀모형에서 salary의 계수 β_1는 2.1804로 추정되고 표준오차가 1.0291이다. $H_0 : \beta_1 = 0$ vs. $H_1 : \beta_1 > 0$에 대하여, T 통계량은

$$t = \frac{\hat{\beta}_1}{\text{s.e.}(\hat{\beta}_1)} = \frac{2.1804}{1.0291} = 2.119 \sim t(\text{df} = 47)$$

이고 $t = 2.119$의 오른쪽 꼬리 확률은 0.0192이다 (R 출력에는 양측 꼬리 확률 0.0384가 프린트되어 있다).

2) 교사연봉은 교육의 질적 수준으로 이어지고 응시자 비율이 작다는 것은 공부를 잘하는 소수의 학생들이 시험에 응시한다는 의미이므로.

Python 코딩:

```
# multiple linear regression
SAT = sm.datasets.get_rdataset("SAT", package="mosaicData")['data']
type(SAT)
SAT.columns
SAT.shape
SAT.head(5)

X = sm.add_constant(SAT.salary)
Y = SAT.sat
model = sm.OLS(Y, X)
model_fit = model.fit()
print(model_fit.summary())

x_var = ["salary", "frac"]
X1 = SAT[x_var]
X = sm.add_constant(X1)
Y = SAT.sat
model = sm.OLS(Y, X)
model_fit = model.fit()
print(model_fit.summary())
```

앞에서는 R의 함수 `lm()`을 써서 다중선형회귀모형을 적합시켰으나 다음과 같이 벡터・행렬 연산으로도 같은 결과를 얻을 수 있다.

```
# least squares by linear algebra
y <- SAT$sat
n <- length(y)
X <- cbind(rep(1,n), SAT$salary, SAT$frac)
b <- solve(t(X)%*%X, t(X)%*%y)
b
##           [,1]
## [1,] 987.900464
## [2,]   2.180396
## [3,]  -2.778698
```

Python 코딩:

```
# least squares by linear algebra
import numpy as np
y = SAT['sat'].values
n = len(y)
X = np.column_stack((np.ones(n), SAT['salary'].values, SAT['frac'].values))
b = np.linalg.solve(X.T @ X, X.T @ y)
b
```

설명변수가 범주형인 경우 가변수(dummy variable) 변환이 필요하다. 예컨대 성별 gender 변수가 남("male") · 여("female")의 두 값을 갖는다고 하자. 두 수준의 범주형 변수 G는 0/1 변수 d_G로 사전 변환하여야 선형회귀모형에 투입할 수 있다: 여기서

$$d_G = \begin{cases} 1, & \text{if } G = \text{male}, \\ 0, & \text{otherwise}. \end{cases}$$

이런 변수를 가변수라고 한다. R에서 가변수는 **ifelse()**를 써서 만들 수 있다 (**gender**를 **gender.1**으로).

```
gender.1 <- ifelse(gender=="male",1,0)
```

앞에서는 관심변수 Y에 1개의 공변량 X에 회귀하면서 회귀함수를 $\beta_0 + \beta_1 x$로 놓은 바 있다 (여기서 x는 X의 값). 그런데 이것은 모형화의 단순성에 대한 지나친 믿음일 수 있다. 회귀함수가 직선형이 아니라 곡선형일 수 있지 않은가?

lowess (locally weighted scatterplot smoothing) 방법은 다음 알고리즘으로 곡선형의 회귀함수를 만들어낸다.

$x_1 < x_2 < \cdots < x_n$을 전제하자. 각 $i\,(=1, \cdots, n)$에 대하여

1) $x = x_i$를 중심으로 너비 $K\,(=2k+1)$의 윈도우를 만든다: 윈도우에는 다음 개체들이 포함된다.

$$(x_{i-k}, y_{i-k}), \cdots, (x_{i-1}, y_{i-1}), (x_i, y_i), (x_{i+1}, y_{i+1}), \cdots, (x_{i+k}, y_{i+k}).$$

2) 개체 $i+j$에 다음과 같이 가중치 w_j가 부여된다 ($j = 0, \pm 1, \cdots, \pm k$).

$$w_j = \left(1-(d_j/d_{\max})^3\right)^3,$$

여기서 $d_j = |x_{i+j} - x_i|$ 이고 $d_{\max} = \max(d_0, d_{\pm 1}, \cdots, d_{\pm k})$. 따라서 $w_0 = 1$ 이 가중치들 중에서 가장 크다.

3) 윈도우 내에서 가중최소제곱(weighted least squares) 법으로 $y = \alpha_0 + \alpha_1 x$ 의 적합선을 찾는다.[3] $x = x_i$에서의 회귀적합 값은 $\hat{y}_i = \hat{\alpha}_0 + \hat{\alpha}_1 x_i$이다.

n개 점 $(x_1, \hat{y}_1), \cdots, (x_i, \hat{y}_i), \cdots, (x_n, \hat{y}_n)$을 선분으로 연결한 것이 비모수적 회귀(nonparametric regression)[4]의 일종인 lowess이다.

<그림 4>는 cars 데이터에서 dist 대 speed의 산점도에 lowess 곡선을 추가한 그래프이다. <그림 2>의 회귀직선과 비교하여 다소 볼록한 형태이다.

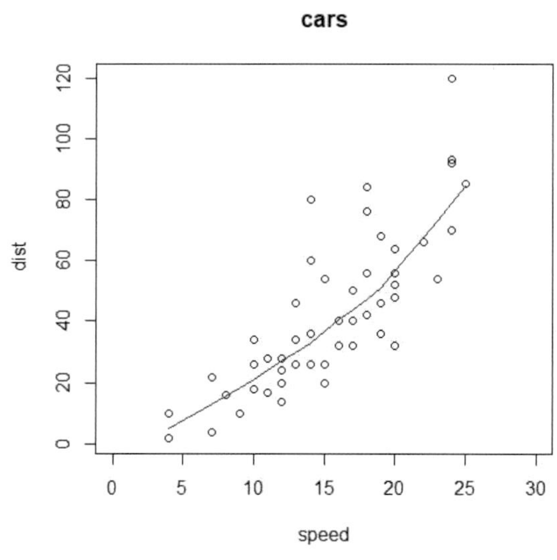

<그림 4> dist 대 speed: 산점도 평활 lowess 곡선 ($f = 0.67$)

---

3) $\sum_{j=-k}^{k} w_j (y_{i+j} - \alpha_0 - \alpha_1 x_{i+j})^2$를 α_0와 α_1에 대하여 최소화한다 (-> $\hat{\alpha}_0$와 $\hat{\alpha}_1$).

4) '비모수적(非母數的, nonparametric)'은 몇 개의 모수(母數, parameter)로 표현되지 않음을 의미한다.

```
# lowess fit
plot(dist ~ speed, xlim=c(0,30), main="cars")
lines(lowess(dist ~ speed), col="blue")
```

이상에서 적용된 평활 너비 K는 R의 **lowess()** 함수에서 디폴트인 $0.67n$ 이다. 상대적 평활너비 $f\ (=K/n)$가 클수록 lowess 회귀선이 직선 형태가 되고 f가 작을수록 lowess 회귀선이 굴곡진 형태가 된다. 시각적으로 지나치게 단순하거나 반대로 지나치게 굴곡진 형태가 되는 것은 좋지 않다.

<그림 5>는 같은 데이터에 상대적 평활너비 f를 0.33으로 줄였을 때의 lowess 곡선이다. 굴곡이 지나친 것으로 보인다. 반면 <그림 6>은 상대적 평활너비 f를 2로 늘였을 때의 lowess 곡선인데 거의 직선에 가깝다 (완전히 직선이 아닌 이유는 개체별로 약간씩 다른 가중치가 적용되기 때문이다).

lowess는 공변량이 1개인 비모수적 회귀를 해낸다. lowess를 확장하여 p개 공변량이 포함된 다음 형태의 비모수적 회귀 모형을 고려할 수 있다.

$$Y = \mu + h_1(X_1) + \cdots + h_p(X_p) + \epsilon, \quad \epsilon \sim N(0, \sigma).$$

여기서 $h_j(x_j)$는 x_j의 매끄러운(smooth) 불특정 함수이다. 이런 모형이 일반화 가법모형(generalized additive model, gam)이다. 이에 대하여는 여기서 다루지 않겠다 (-> 허명회 (2014), 응용데이터분석, 12장).

연습문제

1. mosaic 팩키지의 SAT 데이터에서 수능점수(평균) sat $(=Y)$를 교사의 연봉(평균) salary $(=X_1)$, 시험응시자 비율 frac $(=X_2)$ 외에 학생 대 교사 비율 ratio $(=X_3)$을 설명변수로 고려한 선형회귀모형을 제시하라. X_3의 계수가 음이라고 할 수 있는지 통계적 유의성을 검토하여 보고하라.

2. 앞의 문제에서 X_3의 계수가 음인지에 대한 통계적 유의성을 임의순열 검정으로 살펴보라.

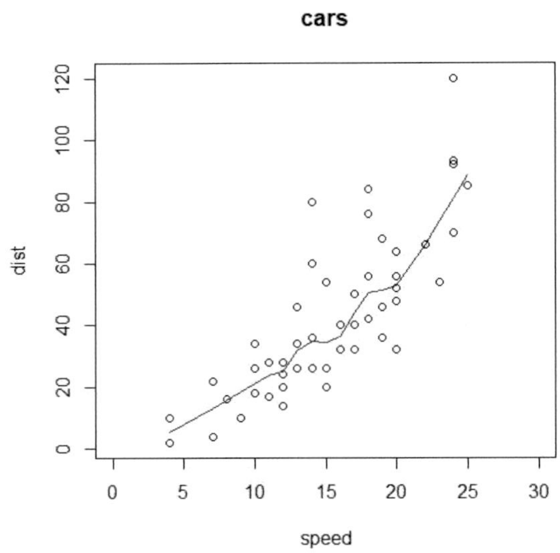

<그림 5> dist 대 speed: 산점도 평활 lowess 곡선 ($f=0.33$)

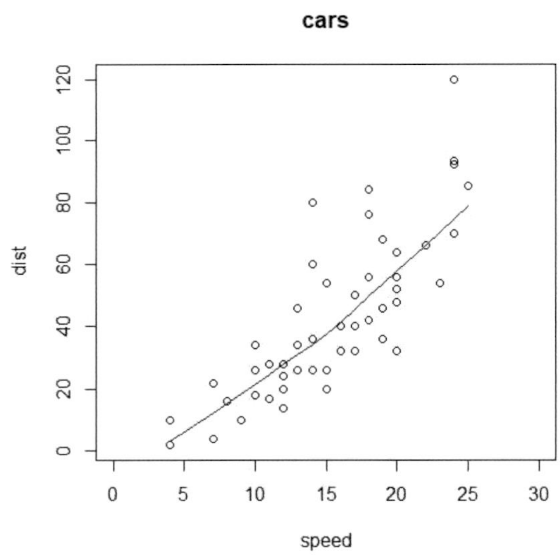

<그림 6> dist 대 speed: 산점도 평활 lowess 곡선 ($f=2$)

12장. 분류모형

이항형 분류모형은 목표변수의 2개 값(=0,1)이 무엇과 어떻게 관련 있는가를 정량화한다. 이를 활용한 예측은 현실에서 응용적 가치가 크다. 이 장은 이항형 분류를 위한 로지스틱 회귀를 다룬다.

R rattle 라이브러리에 포함된 weather 데이터 사례에서는 "다음 날 비가 오는지"인 RainTomorrow(=No,Yes)가 관심 변수인데 "당일 오후 3시의 구름 양"인 Cloud3pm을 예측변수로 고려하기로 하자. 이 변수는 0부터 8까지의 정수 값을 취한다. <그림 1>이 Cloud3pm과 RainTomorrow의 모자이크 플롯이다. 약간의 굴곡이 있지만 구름양이 많아짐에 따라 강수 확률도 커지는 것으로 보인다.

이항형 반응을 $Y(=0,1)$로 나타내고 이와 연관된 공변량 변수를 X, 그 값을 x로 나타내자. 단순 로지스틱 회귀에 의한 분류모형은

$$\log_e \frac{\mathrm{P}\{Y=1 \mid x\}}{\mathrm{P}\{Y=0 \mid x\}} = \beta_0 + \beta_1 x \tag{1}$$

이다. 그러니까 $X=x$에 조건화하여 $Y=1$ 대 $Y=0$의 로그 오즈(log odds)가 x의 선형 함수로 표현된다. 모형 식 (1)은

$$\mathrm{P}\{Y=1 \mid x\} = \frac{\exp(\beta_0 + \beta_1 x)}{1+\exp(\beta_0 + \beta_1 x)} \tag{2}$$

로도 표현된다. (2)는 x의 함수로서 <그림 2>와 같은 "로지스틱 곡선"을 취한다.

표본 데이터 $(x_1, y_1), \cdots, (x_n, y_n)$으로부터 모형 (1)의 β_0와 β_1을 추정하는 방법은 최대가능도 추정(maximum likelihood estimation, MLE)이다. MLE는 가능도 함수

$$\prod_{i=1}^{n}\left[\frac{\exp(\beta_0 + \beta_1 x_i)}{1+\exp(\beta_0 + \beta_1 x_i)}\right]^{y_i}\left[\frac{1}{1+\exp(\beta_0 + \beta_1 x_i)}\right]^{1-y_i}$$

를 β_0와 β_1에 대하여 최대화하여 추정치를 얻어낸다.[1]

---

1) 뉴튼-라프슨, 반복가중최소제곱법 등 여러 수치적 방법이 있다 (-> 허명회 (2024). 통계계산 5장, 11장).

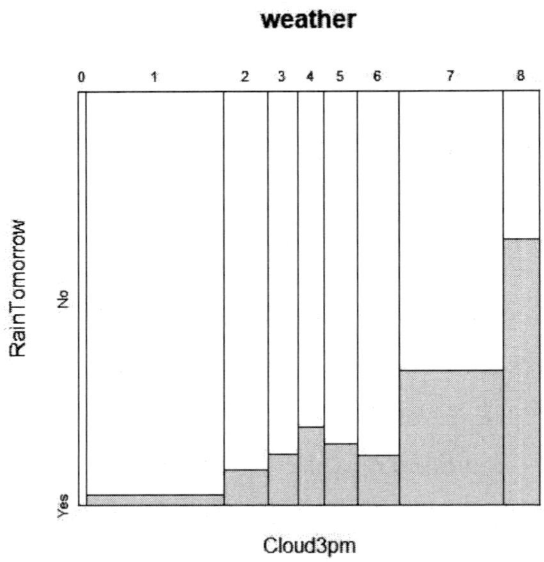

<그림 1> Cloud3pm과 RainTomorrow의 관계: 모자이크 플롯

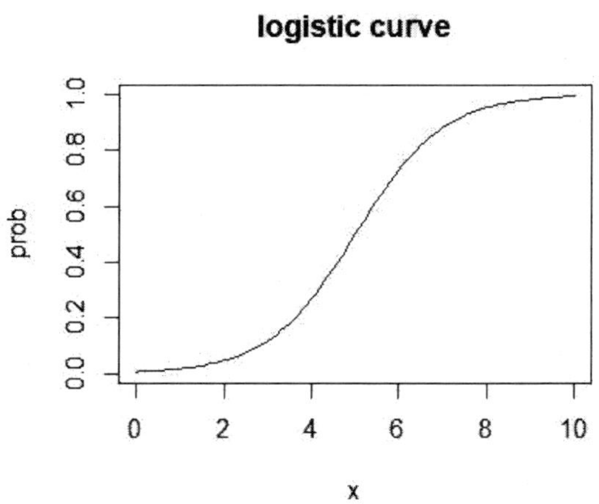

<그림 2> 로지스틱 곡선: $\beta_0 = -5$, $\beta_1 = 1$

RainTomorrow를 Cloud3pm에 로지스틱 회귀한 결과를 보자.

R 코딩:

```
# logistic regression for weather data
library(rattle)
data(weather);  str(weather)
attach(weather)
mod.1 <- glm(RainTomorrow ~ Cloud3pm, family="binomial")
mod.1
```

```
## Coefficients:
## (Intercept)     Cloud3pm
##     -3.8668       0.4685
## Degrees of Freedom: 365 Total (i.e. Null);  364 Residual
## Null Deviance:      345.4
## Residual Deviance: 285  AIC: 289
```

모형계수가 $\hat{\beta}_0 = -3.87$, $\hat{\beta}_1 = 0.469$로 나왔다. 출력모형 mod.1에는 fitted라는 벡터가 있는데 이것은 $Y=1$일 확률 $\mathrm{P}\{Y=1 \mid x\}$, 즉 (2)의 개체별 적합 값이다. 이 값이 일정 값 cut 이상일 때 비가 올 것으로 예측하고 그렇지 않을 때 비가 오지 않을 것으로 예측하자. 남은 문제는 cut 값의 설정이다.

한 방법은 mod.1$fitted를 크기 순서로 정렬하였을 때 순위(rank)가 weather 데이터에서 다음 날 비가 오지 않은 날의 빈도인 300 이하이면 예측값 pred.1a를 "no rain"으로, 그렇지 않으면 "rain"으로 하는 것이다. 그러고 나서 어느 정도 정확한가를 보기 위하여 예측범주 pred.1a와 실제관측 RainTomorrow의 교차표, 즉 분류표를 만든다.

```
pred.1 <- ifelse(rank(mod.1$fitted, ties.method="average") <= 300, 0, 1)
pred.1a <- factor(pred.1, labels=c("no rain","rain"))
table(pred.1a, RainTomorrow)
```

```
##          RainTomorrow
## pred.1a    No Yes
##   no rain 290  48
##   rain     10  18
```

위음 예측률 20.2%, 위양 예측률 35.7%, 총 정확도 84.2%이다.[2)] 위음(거짓 음)과 위양(거짓 양)은 작을수록 좋다. 이 둘은 맞교환(trade-off)의 관계에 있다. 하나를 작게 하면 다른 하나가 커진다.

(1)의 로지스틱 회귀 모형은 2개 공변량이 포함된 형태로 확장된다. 이항형 반응을 $Y(=0,1)$로 나타내고 연관된 공변량 변수를 X_1과 X_2, 그 값을 x_1과 x_2라고 할 때, 다중 로지스틱 회귀에 의한 분류모형은

$$\log_e \frac{\mathrm{P}\{Y=1 \mid x_1, x_2\}}{\mathrm{P}\{Y=0 \mid x_1, x_2\}} = \beta_0 + \beta_1 x_1 + \beta_2 x_2$$

로 표현된다. 마찬가지로

$$\mathrm{P}\{Y=1 \mid x_1, x_2\} = \frac{\exp(\beta_0 + \beta_1 x_1 + \beta_2 x_2)}{1+\exp(\beta_0 + \beta_1 x_1 + \beta_2 x_2)}$$

로도 표현된다. 모형계수 β_0, β_1, β_2는 최대가능도 추정으로 얻어진다.

weather 데이터에서 RainTomorrow를 Cloud3pm과 Pressure3pm에 로지스틱 회귀한 결과는 다음과 같다 (즉, $\hat{\beta}_0 = 150.8$, $\hat{\beta}_1 = 0.454$, $\hat{\beta}_2 = -0.152$).

```
mod.2 <- glm(RainTomorrow ~ Cloud3pm + Pressure3pm, family="binomial")
mod.2
```

```
## Coefficients:
## (Intercept)     Cloud3pm  Pressure3pm
##    150.7806       0.4544      -0.1523
## Degrees of Freedom: 365 Total (i.e. Null);  363 Residual
## Null Deviance:      345.4
## Residual Deviance: 245  AIC: 251
```

---

2) 위음僞陰 예측률(false negative rate)
 := "No"(음, negative)로 예측된 사례 중 실제 "Yes"로 관측된 사례의 비율
 $= 48/(290+48) = 20.2\%$,

위양僞陽 예측률(false positive rate)
 := "Yes"(양, positive)로 예측된 사례 중 실제 "No"로 관측된 사례의 비율
 $= 10/(18+10) = 35.7\%$,

총 정확도(total accuracy)
 := 전체 사례 중 非오류로 판정된 사례들(즉, 교차표의 대각 칸들)의 비율
 $= (290+18)/366 = 84.2\%$.

다음 작업은 예측값 pred.2a와 실제값 RainTomorrow 간 교차표이다.

```
pred.2 <- ifelse(rank(mod.2$fitted, ties.method="average") <= 300, 0, 1)
pred.2a <- factor(pred.2, labels=c("no rain","rain"))
table(pred.2a, RainTomorrow)
```

```
##          RainTomorrow
## pred.2a    No Yes
##   no rain 271  29
##   rain     29  37
```

즉 “No”로 예측된 284(=271+13) 사례 중에서 실제 관측이 “No”인 것은 271 사례이고 “Yes”인 것이 13 사례이다. 그리고 “Yes”로 예측된 82(=29+53) 사례 중에서 실제 관측이 “No”인 것은 29 사례이고 “Yes”인 것이 53 사례이다. 따라서

위음僞陰 예측률(false negative rate) $=9.7\%\ (=29/(271+29))$,

위양僞陽 예측률(false positive rate) $=43.9\%\ (=29/(37+29))$,

총 정확도(total accuracy) $=84.2\%\ (=(271+37)/366)$.

이항형 반응을 $Y(=0,1)$로 나타내고 연관된 공변량 변수가 $X_1, \cdots, X_p$ 등 p개인 경우의 다중 로지스틱 회귀에 의한 분류모형은

$$\log_e \frac{P\{Y=1 \mid x_1, \cdots, x_p\}}{P\{Y=0 \mid x_1, \cdots, x_p\}} = \beta_0 + \beta_1 x_1 + \cdots + \beta_p x_p$$

로 표현된다. 모형계수 $\beta_0, \beta_1, \cdots, \beta_p$는 최대가능도 추정으로 얻는다.

공정한 예측 정확도를 얻어내기 위해서는 학습 데이터와 테스트 데이터가 겹치지 않아야 한다. 이를 위해서는 총 관측 데이터를 두 부분으로 분할하여 학습(=모형적합)과 테스트 용도에 투입하는데, 이에 대하여는 고급 통계학 교재로 넘긴다.

Python의 활용

R rattle 팩키지의 weather 데이터에서 RainTomorrow를 Cloud3pm으로 설명하는 로지스틱 모형을 적용해보자.

```
# logistic regression for weather data
import pandas as pd
import numpy as np
import statsmodels.api as sm
import matplotlib.pyplot as plt
from sklearn.linear_model import LogisticRegression
from sklearn.metrics import confusion_matrix

weather = pd.read_csv("weather.csv")
weather.head(5)
#          Date  Location  MinTemp  ...  RainToday  RISK_MM  RainTomorrow
# 0  2007-11-01  Canberra      8.0  ...         No      3.6           Yes
# 1  2007-11-02  Canberra     14.0  ...        Yes      3.6           Yes
# 2  2007-11-03  Canberra     13.7  ...        Yes     39.8           Yes
# 3  2007-11-04  Canberra     13.3  ...        Yes      2.8           Yes
# 4  2007-11-05  Canberra      7.6  ...        Yes      0.0            No
```

다음과 같이 공변량 행렬 X와 0-1 정수값 벡터 y를 준비한다.

```
X1 = weather["Cloud3pm"]
X = np.reshape(list(X1), (-1,1))
X.shape                                          # (366, 1)
y = pd.get_dummies(weather["RainTomorrow"])["Yes"]
y.value_counts()
## 0    300
## 1     66
## Name: Yes, dtype: int64
```

이제 로지스틱 모형을 데이터에 적합시킨다.

```
model = LogisticRegression(solver="newton-cg", max_iter=1000, penalty="none")
model_fit = model.fit(X, y)
```

적합모형의 계수는 다음과 같다.

```
model_fit.coef_                # array([[0.46851248]])
model_fit.intercept_           # array([-3.86680879])
```

이번에는 설명변수로 Cloud3pm과 더불어 Pressure3pm을 써보자.

```
X = weather[["Cloud3pm","Pressure3pm"]]
y = pd.get_dummies(weather["RainTomorrow"])["Yes"]
model = LogisticRegression(solver="newton-cg",max_iter=1000,penalty="none")
model_fit = model.fit(X, y)
model_fit.coef_                  # array([[ 0.45441102, -0.15226116]])
model_fit.intercept_             # array([150.73931008])
```

이제까지는 sklearn.linear_model 팩키지의 LogisticRegression()을 썼는데 적합모형에 대한 요약이 너무 간략하다. 이번에는 statsmodel.api 팩키지의 Logit()를 써보기로 한다.

```
logit_model = sm.Logit(y, sm.add_constant(X)).fit()
logit_model.summary()
#                           Logit Regression Results
# ==============================================================================
# Dep. Variable:                    Yes   No. Observations:                  366
# Model:                          Logit   Df Residuals:                      363
# Method:                           MLE   Df Model:                            2
# ==============================================================================
#                  coef    std err          z      P>|z|      [0.025      0.975]
# const      150.7806     27.163      5.551      0.000      97.543     204.018
# Cloud3pm      0.4544      0.076      5.960      0.000       0.305       0.604
# Pressure3pm  -0.1523      0.027     -5.678      0.000      -0.205      -0.100
:
(일부생략)
```

이 모형으로 예측하면 분류결과가 다음과 같이 된다.

```
y_pred = model_fit.predict_proba(X)
cut = np.sort(y_pred[:,1])[300]
cut                                          # 0.3377436932730896
pd.DataFrame(confusion_matrix(y, y_pred[:,1] >= cut))
##      0   1
## 0  271  29
## 1   29  37
```

연습문제

1. 별첨 데이터 파일 "class_2.csv"이 이항형 변수 y (=0,1)와 2개의 연속형 공변량 x1과 x2가 담고 있다 ($n = 100$). 데이터에 로지스틱 회귀모형을 적합하여 제시하라. 그리고 적합확률이 0.5 이상이면 y를 1로, 0.5 미만이면 0으로 예측한다고 할 때 예측 정확도를 보여주는 2*2 교차표를 제시하라.

2. (앞 문제의 계속) 로지스틱 회귀 모형에서 공변량 x2의 통계적 유의성을 임의순열 검정(random permutation test)으로 검토하라.

부록 A. 연습문제 풀이

1장. 확률의 기초

1. n명이 참석한 파티에서 n개의 경품이 준비되어 있다. 경품은 n회에 걸쳐 매번 독립적으로 1명을 임의 추첨하는 방식으로 배정된다. 따라서 한 명이 여러 개의 경품을 받을 수 있고 어떤 사람은 한 개의 경품도 받지 못할 수 있다. $n=10$일 때, 이 파티의 특정 참석자 A가 한 개의 경품도 받지 못할 확률을 구하라. $n=100, 1000, 10000$일 때 그 확률은 얼마인가?

   풀이. 1회의 추첨에서 그가 경품을 받지 못할 확률은 $1-\dfrac{1}{n}$이고, n회의 추첨 모두에서 경품을 받지 못할 확률은 $p_n=\left(1-\dfrac{1}{n}\right)^n$이다.

   따라서 답은 다음으로 얻어진다.

```
# Party with n participants
n <- c(10,100,1000,10000)
prob <- (1 - 1/n)^n
round(prob,4)
## 0.3487 0.3660 0.3677 0.3679
```
← 답

   노트: $\lim_{n\uparrow\infty}\left(1-\dfrac{1}{n}\right)^n=e^{-1}=0.3679$.

2. 보균자의 경우 검사결과가 양성일 확률이 0.9, 보균자가 아닌 경우 검사결과가 음성일 확률이 0.9라고 하자. A를 검사하였더니 결과가 양성이었다고 하자. 그럼에도 불구하고 그가 보균자일 확률이 0.5 이하일 수 있는가?

   풀이. 보균자를 D, 사회구성원 전체의 보균자 비율 $P(D)$를 θ라고 하자. 검사결과 양성을 E, 음성을 E^c로 표기하자. 그러면

$$\mathrm{P}(D \mid E)=\frac{\mathrm{P}(D)\mathrm{P}(E\mid D)}{\mathrm{P}(D)\mathrm{P}(E\mid D)+\mathrm{P}(D^c)\mathrm{P}(E\mid D^c)}=\frac{\theta\cdot 0.9}{\theta\cdot 0.9+(1-\theta)\cdot 0.1}$$

이므로 $\mathrm{P}(D \mid E) \leqq 0.5 \quad \Leftrightarrow \quad \theta \leqq 0.1$.

답. 사회 보균율 $P(D) \leqq 0.1$ 이면 $\mathrm{P}(D \mid E) \leqq 0.5$.

2장. 확률변수

1. 확률변수 $X = x$ 일 확률이 $p_X(x) = \dfrac{K}{x^2}$, $x = 1, 2, 3, \cdots$ 라고 하자. $p_X(x)$가 합당한 확률질량함수가 되기 위하여 요구되는 K 값을 구하라 (소수점 아래 4 자리).

풀이. $S_N = \sum_{x=1}^{N} \dfrac{1}{x^2}$, $R_N = \sum_{x=N+1}^{\infty} \dfrac{1}{x^2}$ 라고 하자.

$$R_N \leqq \sum_{x=N+1}^{\infty} \frac{1}{x(x-1)} \leqq \sum_{x=N+1}^{\infty} \left(\frac{1}{x-1} - \frac{1}{x} \right) = \frac{1}{N}$$

이므로 $\sum_{x=1}^{\infty} \dfrac{1}{x^2}$ 값을 소수점 아래 4자리까지 구하기 위하여는 $\dfrac{1}{N} \leqq 0.00005$ 가 되도록 할 필요가 있다. 따라서 $N \geqq 20000$ 으로 놓고 S_N을 구해본다.

R 코딩:

```
N <- 20000
sum_ <- 0
for (n in 1:N) sum_ <- sum_ + 1/n^2
round(1/sum_, 4)    # numerical,  0.6079      ← 답
```

참고로, K의 참값은 다음과 같다.

```
round(6/pi^2, 6)    # mathematical 0.607927
```

2. 동전을 던져 앞면(확률 0.5)이면 $X \sim B(n, 0.25)$를 얻고 뒷면(확률 0.5)이면 $X \sim B(n, 0.75)$를 얻는다고 하자. $n = 8$인 경우, X의 분포를 구하고 막대그림으로 시각화하라.

풀이. $\mathrm{P}(X = x) = 0.5\, {}_nC_x\, 0.25^x\, 0.75^{n-x} + 0.5\, {}_nC_x\, 0.75^x\, 0.25^{n-x}$.

R 코딩:

```
n <- 8
x <- 0:n
prob <- 0.5*dbinom(x,n,0.25) + 0.5*dbinom(x,n,0.75)
round(prob, 4)
## 0.0501 0.1337 0.1577 0.1154 0.0865 0.1154 0.1577 0.1337 0.0501  ←답

barplot(prob, names.arg=0:n, xlab="x", ylab="prob",
   main="mixture of binomial")
```

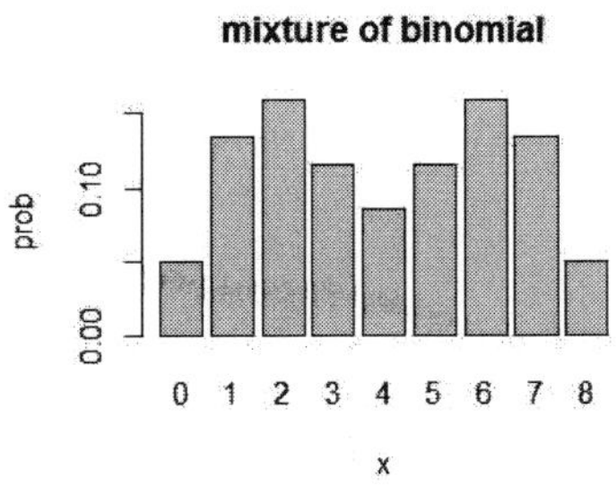

3장. 다변량 확률변수

1. 성공 확률이 같은 독립적인 음이항 변수 2개, 즉 $\mathrm{NB}(m_1, p)$과 $\mathrm{NB}(m_2, p)$의 합은 어떤 분포를 따르는가?

   답. 음이항 분포 $\mathrm{NB}(m_1+m_2, p)$. 왜냐하면

   $\mathrm{NB}(m_1, p)$은 m_1번째 성공까지의 시행 수, 이어지는 $\mathrm{NB}(m_2, p)$의 m_2번째 성공은 전체로는 m_1+m_2번째 성공. 따라서 $X_1 \sim \mathrm{NB}(m_1, p)$, $X_2 \sim \mathrm{NB}(m_2, p)$, 독립 $\Rightarrow$ $Z := X_1 + X_2 \sim \mathrm{NB}(m_1+m_2, p)$.

2. 척도 파라미터 β가 같은 독립적인 2개 감마 변수 $\mathrm{Gamma}(\alpha_1, \beta)$와 $\mathrm{Gamma}(\alpha_2, \beta)$의 합이 $\mathrm{Gamma}(\alpha_1+\alpha_2, \beta)$ 분포를 따름을 보여라.

증명. $X \sim \text{Gamma}(\alpha_1, \beta)$, $Y \sim \text{Gamma}(\alpha_2, \beta)$, $Z := X + Y$라고 하자.

$$\begin{aligned} f_Z(z;\alpha,\beta) &= \int_0^z \frac{1}{\Gamma(\alpha_1)\beta^{\alpha_1}} x^{\alpha_1-1} e^{-x/\beta} \frac{1}{\Gamma(\alpha_2)\beta^{\alpha_2}} (z-x)^{\alpha_2-1} e^{-(z-x)/\beta} dx \\ &= \frac{1}{\Gamma(\alpha_1)} \frac{1}{\Gamma(\alpha_2)} \frac{1}{\beta^{\alpha_1+\alpha_2}} e^{-z/\beta} \int_0^z x^{\alpha_1-1}(z-x)^{\alpha_2-1} dx \\ &= \frac{1}{\Gamma(\alpha_1)} \frac{1}{\Gamma(\alpha_2)} \frac{z^{\alpha_1+\alpha_2-2+1}}{\beta^{\alpha_1+\alpha_2}} e^{-z/\beta} \int_0^z \left(\frac{x}{z}\right)^{\alpha_1-1} \left(1-\frac{x}{z}\right)^{\alpha_2-1} \frac{dx}{z} \\ &= \frac{1}{\Gamma(\alpha_1)} \frac{1}{\Gamma(\alpha_2)} \frac{z^{\alpha_1+\alpha_2-2+1}}{\beta^{\alpha_1+\alpha_2}} e^{-z/\beta} \frac{\Gamma(\alpha_1)\Gamma(\alpha_2)}{\Gamma(\alpha_1+\alpha_2)} \\ &= \frac{1}{\Gamma(\alpha_1+\alpha_2)} \frac{z^{\alpha_1+\alpha_2-1}}{\beta^{\alpha_1+\alpha_2}} e^{-z/\beta}, \ z > 0. \end{aligned}$$

4장. 기대값

1. 이항분포 $B(n,p)$의 분산이 npq임을 보여라 $(q = 1-p)$.

증명. $X \sim B(n,p)$일 때, $E(X) = np$임은 이미 보인 바 있다.

$$\begin{aligned} E(X(X-1)) &= \sum_{x=0}^{n} x(x-1) \cdot \binom{n}{x} p^x (1-p)^{n-x} \\ &= \sum_{x=2}^{n} n(n-1)p^2 \binom{n-2}{x-2} p^{x-2}(1-p)^{n-x} \\ &= n(n-1)p^2 \sum_{x'=0}^{n-2} \binom{n-2}{x'} p^{x'}(1-p)^{n-2-x'} = n(n-1)p^2. \end{aligned}$$

$\therefore E(X^2) = E(X(X-1)) + E(X) = n(n-1)p^2 + np = n^2p^2 + np(1-p)$.

$\therefore Var(X) = E(X^2) - E(X)^2 = n^2p^2 + np(1-p) - n^2p^2 = np(1-p)$.

2. 포아송 분포 Poisson(θ)의 분산이 θ임을 보여라.

증명. $X \sim \text{Poisson}(\theta)$일 때, $E(X) = \theta$임은 이미 보인 바 있다.

$$\begin{aligned} E(X(X-1)) &= \sum_{x=0}^{n} x(x-1) \cdot e^{-\theta} \frac{\theta^x}{x!} = \sum_{x=2}^{n} \theta^2 e^{-\theta} \frac{\theta^{x-2}}{(x-2)!} \\ &= \theta^2 \sum_{x'=0}^{n} e^{-\theta} \frac{\theta^{x'}}{x'!} = \theta^2. \end{aligned}$$

$$\therefore\ E(X^2) = E(X(X-1)) + E(X) = \theta^2 + \theta .$$

$$\therefore\ Var(X) = E(X^2) - E(X)^2 = \theta^2 + \theta - \theta^2 = \theta .$$

3. 정규분포 $N(\mu, \sigma^2)$의 분산이 σ^2임을 보여라.

증명. $X \sim N(\mu, \sigma^2)$일 때, $E(X) = \mu$임은 이미 보인 바 있다.

$$E((X-\mu)^2) = \int_{-\infty}^{\infty} (x-\mu)^2 \cdot \frac{1}{\sqrt{2\pi}\,\sigma} e^{-\frac{1}{2\sigma^2}(x-\mu)^2} dx$$

$$= \int_{-\infty}^{\infty} x \cdot x \frac{1}{\sqrt{2\pi}\,\sigma} e^{-\frac{1}{2\sigma^2}x^2} dx$$

$$= \left[x \cdot (-\sigma^2) \frac{1}{\sqrt{2\pi}\,\sigma} e^{-\frac{1}{2\sigma^2}x^2} \right]_{-\infty}^{\infty} - \int_{-\infty}^{\infty} (-\sigma^2) \frac{1}{\sqrt{2\pi}\,\sigma} e^{-\frac{1}{2\sigma^2}x^2} dx$$

$$= \sigma^2 \int_{-\infty}^{\infty} \frac{1}{\sqrt{2\pi}\,\sigma} e^{-\frac{1}{2\sigma^2}x^2} dx = \sigma^2 .$$

4. 지수분포 exponential(θ)의 분산이 θ^2임을 보여라.

증명. $X \sim$ exponential(θ)일 때, $E(X) = \theta$임은 이미 보인 바 있다.

$$E(X^2) = \int_0^{\infty} x^2 \cdot \frac{1}{\theta} e^{-\frac{x}{\theta}} dx$$

$$= \left[x^2 \cdot (-1) e^{-\frac{x}{\theta}} \right]_0^{\infty} - \int_0^{\infty} 2x \cdot (-1) e^{-\frac{x}{\theta}} dx$$

$$= \theta \int_0^{\infty} 2x \frac{1}{\theta} e^{-\frac{x}{\theta}} dx = 2\theta E(X) = 2\theta^2 .$$

$$\therefore\ Var(X) = E(X^2) - E(X)^2 = 2\theta^2 - \theta^2 = \theta^2 .$$

5장. 확률분포의 수렴

1. 지진이 포아송 분포에 따라 연평균 0.3회 발생한다고 하자. 10$(=n)$년 기간 최대 발생수/년의 분포를 구하라.

풀이. $X_1, X_2, \cdots, X_n \sim$ i.i.d. Poisson (λ). $Y := \max(X_1, X_2, \cdots, X_n)$.

$$P\{Y \leqq y\} = P\{X_1 \leqq y, X_2 \leqq y, \cdots, X_n \leqq y\} = P\{X_1 \leqq y\}^n .$$

$$\therefore \quad P\{Y \leqq y\} = \left(\sum_{k=0}^{y} e^{-\lambda} \frac{\lambda^k}{k!} \right)^n, \quad y = 0, 1, 2, \cdots .$$

Using R:

```
# poisson, lambda = 0.3
x <- 0:9
lambda <- 0.3
prob <- dpois(x, lambda)
names(prob) <- 0:9
# maximum of poisson for n = 10
n <- 10
cumprob.n <- cumsum(prob)^n
prob.n <- cumprob.n - c(0, cumprob.n[1:9])
names(prob.n) <- 0:9
round(prob.n, 4)
##      0      1      2      3      4      5      6      7      8      9
## 0.0498 0.6366 0.2782 0.0328 0.0025 0.0002 0.0000 0.0000 0.0000 0.0000   ← 답
windows(width=6, height=4)
barplot(prob.n, ylim=c(0,1), main="maximum yearly earthquakes during 10 years')
```

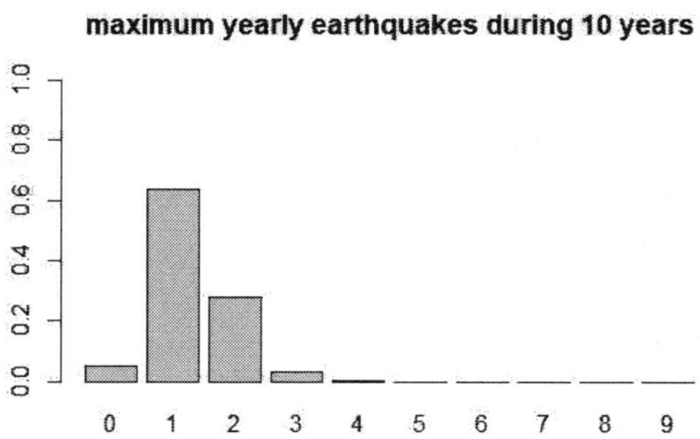

2. [2장 2번의 계속] 동전을 던져 앞면(확률 0.5)이면 $X \sim B(8, 0.25)$를 얻고 뒷면(확률 0.5)이면 $X \sim B(8, 0.75)$를 얻는 상황에서 크기 $n(=100)$ 표본의 평균은 대략 어떤 분포를 따르는가?

풀이. X의 포함확률은 $E(X)=\frac{1}{2}\,8\cdot 0.25+\frac{1}{2}\,8\cdot 0.75=4$,

$E(X^2)=\frac{1}{2}(8\cdot 0.25\cdot 0.75+2^2)+\frac{1}{2}(8\cdot 0.75\cdot .25+6^2)=21.5$,

$Var(X)=21.5-4^2=5.5$.

중심극한정리에 의해 $\overline{X}\ \sim\ N(4,\,5.5/n)$, 근사적으로 $(n=100)$.

답. 근사적으로 $N(4,\,0.2345)$.

R 코드 (모의시행):

```
x <- 0:8
prob <- 0.5*dbinom(x,n,8.25) + 0.5*dbinom(x,8,0.75)
N <- 4000
n <- 100
x.star <- vector(length=N)
for(i in 1:N) {
    x.star[i] <- mean(sample(x, n, prob, replace=TRUE))
}
c(mean(x.star), var(x.star))

hist(x.star, xlim=c(3,5), ylim=c(0,2), freq=FALSE, nclass=20)
mu <- 4
sigma <- sqrt(5.5/n); sigma
par(new=TRUE)
plot(dnorm(seq(0,8,0.01), mu, sigma) ~ seq(0,8,0.01),
    xlim=c(3,5), ylim=c(0,2), xlab="", ylab="",
    type="l", lty="dotted")
```

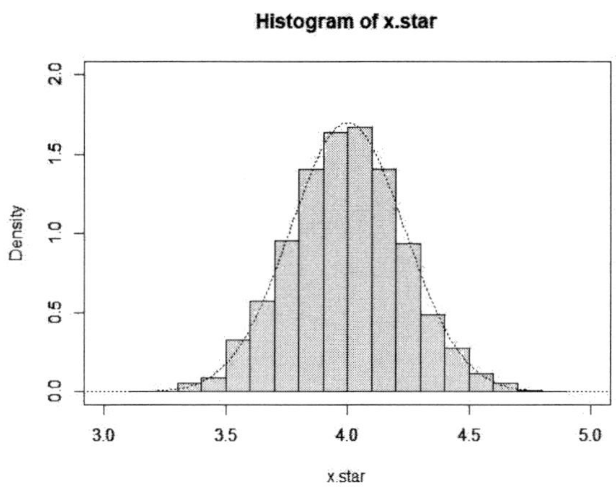

3. 지수분포 exponential (1)로부터 크기 $n (= 10, 160)$의 임의표본을 취한다고 하자. 표본 평균의 경험적 분포(히스토그램)를 $N (= 1000)$번의 몬테칼로 모의시행으로 산출하라. 그리고 그 위에 중심극한정리에 의해 기대되는 정규분포의 밀도함수를 덧붙여라. 표본 크기에 따라 근사의 정도가 어떻게 다른가?

풀이. 지수분포 exponential (1)의 기대값과 분산은 1과 1이다. 따라서 중심극한정리에 의해 $\overline{X}_n \sim N(1, \frac{1}{n})$이 기대된다.

R 코딩:

```
# numerical demonstration of central limit theorem
n <- 10
N <- 1000
X <- matrix(rexp(N*n), N, n)
means <- apply(X, 1, mean)
hist(means, xlim=c(0,2.2), ylim=c(0,1.6), freq=FALSE,
   xlab="sample means", ylab="density",
   main=paste("sample means of", n, "observations"))
par(new=TRUE)
density <- dnorm(seq(0,2.2,0.01), mean=1, sd=sqrt(1/n))
plot(density ~ seq(0,2.2,0.01), xlim=c(0,2.2), ylim=c(0,1.6), type="l",
    col="blue", xlab="", ylab="", main="")
x11()
n <- 160
N <- 1000
X <- matrix(rexp(N*n), N, n)
means <- apply(X, 1, mean)
hist(means, xlim=c(0.7,1.3), ylim=c(0,6), freq=FALSE,
   xlab="sample means", ylab="density",
   main=paste("sample means of", n, "observations"))
par(new=TRUE)
density <- dnorm(seq(0,2,0.01), mean=1, sd=sqrt(1/n))
plot(density ~ seq(0,2,0.01), xlim=c(0.7,1.3), ylim=c(0,6), type="l",
    col="blue", xlab="", ylab="", main="")
```

R 출력 그래프:

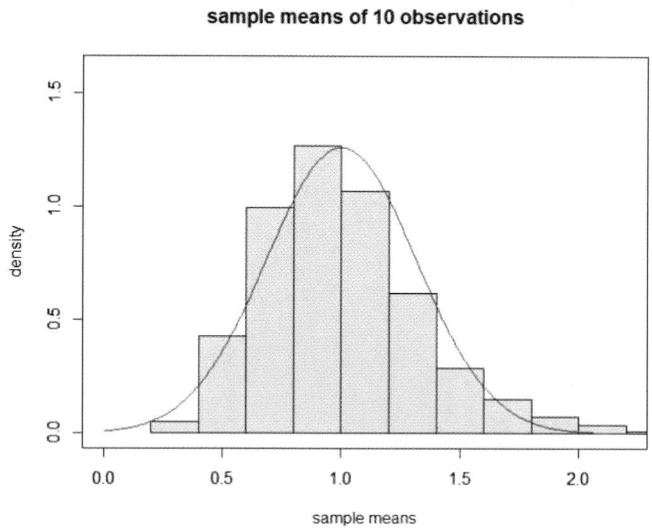

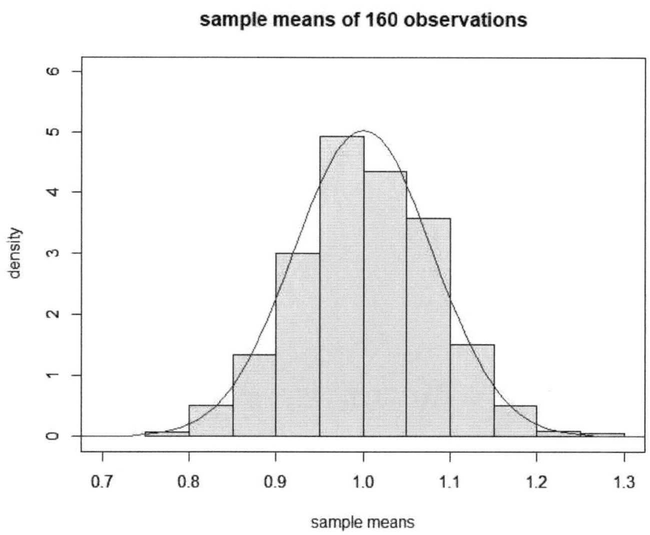

* $n = 10$ 일 때의 정규근사에 비하여 $n = 160$ 일 때 정규분포 근사가 좋다.

6장. 여러 확률분포와 모의시행

1. 코시 분포의 분포함수는 $F(x) = \frac{1}{\pi}\tan^{-1}x + \frac{1}{2}, \; -\infty < x < \infty$ 이다. 이를 활용하여 $n \geqq 1000$ 개 관측 값을 모의생성하고 0.025, 0.05, 0.25, 0.5, 0.75, 0.95, 0.975 분위수를 산출하라.

   풀이. R 코드:

```
n <- 1000
u <- runif(n)
x <- tan(pi*(u-0.5))
round(quantile(x, prob=c(0.025,0.05,0.25,0.5,0.75,0.95,0.975)),3)
```

```
## -10.012  -5.718  -0.950  -0.053   0.981   6.805  13.058
```
   ← 답.

   참고로, 코시 분포의 분위수는 다음과 같다.

```
round(qcauchy(c(0.025,0.05,0.25,0.5,0.75,0.95,0.975)), 3)
```

```
## -12.706  -6.314  -1.000   0.000   1.000
```

   참고로, 코시 몬테칼로 표본의 히스토그램은 다음과 같다 (점선은 코시분포의 확률밀도).

```
hist(x[abs(x) < 5], breaks=seq(-5,5,0.5), freq=FALSE, ylim=c(0,0.5),
    xlab="x", main="cauchy random numbers", )
par(new=TRUE)
plot(dcauchy(seq(-5,5,0.1))~seq(-5,5,0.1),lty="dotted",type="l",
   ylim=c(0,0.5), xlab="", ylab="")
```

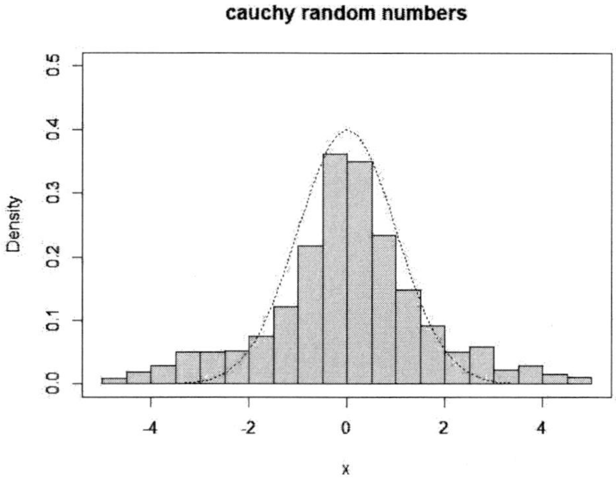

2. 기각추출의 방법으로 베타분포 beta $(\alpha = 4, \beta = 2)$ 로부터 $n \geqq 1000$ 개 관측값을 모의생성하고 0.025, 0.05, 0.25, 0.5, 0.75, 0.95, 0.975 분위수를 산출하라.

풀이. R 코드:

```
alpha <- 4; beta <- 2
f <- function(x) x^(alpha-1) * (1-x)^(beta-1)
max_ <- f((alpha-1)/(alpha-1+beta-1))
n <- 20000
x <- runif(n)
u <- runif(n)
x <- ifelse(u < f(x), x, NA)
sum(!is.na(x))
# 1005                                             ← 유효 표본 크기
round(quantile(x, prob=c(0.025,0.05,0.25,0.5,0.75,0.95,0.975), na.rm=TRUE),3)
## 0.257 0.323 0.547 0.689 0.812 0.917 0.941       ← 답.
```

참고로, 베타 분포의 분위수는 다음과 같다.

```
round(qbeta(c(0.025,0.05,0.25,0.5,0.75,0.95,0.975),alpha,beta),3)
## 0.284 0.343 0.546 0.686 0.806 0.924 0.947
```

참고로, 베타 몬테칼로 표본의 히스토그램은 다음과 같다 (점선은 베타 분포)

```
hist(x, freq=FALSE, breaks=seq(0,1,0.05), ylim=c(0,2.5), xlab="x",
   main=paste("Beta (alpha=", alpha, ", beta=", beta, ")",sep=""))
par(new=TRUE)
plot(dbeta(seq(0,1,0.05),alpha,beta)~seq(0,1,0.05), ylim=c(0,2.5),
   lty="dotted", type="l", xlab="", ylab="")
```

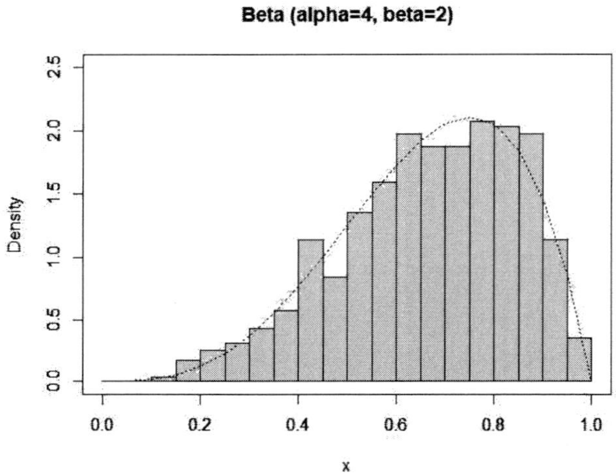

7장. 통계적 기술

1. 포도주 자료 “winequality-red.csv”과 “winequality-white.csv”에 대하여 (데이터 설명은 https://archive.ics.uci.edu/dataset/186/wine+quality 참조) 변수 fixed.acidity에서 레드 와인과 화이트 와인을 비교하라 (와인 별 상자그림과 $(0, 0.25, 0.5, 0.75, 1)$-분위수를 산출).

풀이. R 코딩

```
# wine quality dataset
red <- read.csv("winequality-red.csv", sep=";")
str(red)
white <- read.csv("winequality-white.csv", sep=";")
str(white)
```

```
bxp <- boxplot(red$fixed.acidity, white$fixed.acidity,
              names=c("red","white"),
               main="fixed.acidity")
```

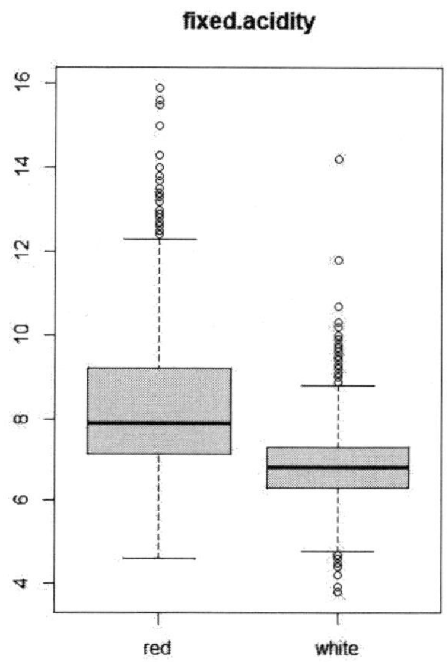


```
quantile(red$fixed.acidity)
##  0%  25%  50%  75% 100%
## 4.6  7.1  7.9  9.2 15.9
quantile(white$fixed.acidity)
##  0%  25%  50%  75% 100%
## 3.8  6.3  6.8  7.3 14.2
```

2. R MASS 라이브러리의 Boston 데이터에서, 3개 변수 rm, dis, lstat 간 상관을 구하고 lstat이 주어졌을 때 rm과 dis 간 상관을 산출하고 해석하라.

풀이. R 코딩

```
# Boston data (rm, dis, lstat): 방의 수, 도심부터의 거리, 저소득층 비율
library(MASS)
data(Boston)
round(cor(Boston),2)
R <- cor(Boston[,c(6,8,13)])
round(R, 3)
##           rm    dis  lstat
## rm     1.000  0.205 -0.614
## dis    0.205  1.000 -0.497
## lstat -0.614 -0.497  1.000
```

```
r12 <- R[1,2]  # which is positive  0.205
r13 <- R[1,3]
r23 <- R[2,3]
partial_r <- (r12 - r13*r23)/(sqrt(1-r13^2)*sqrt(1-r23^2))
partial_r      # which is negative -0.146
```

해석: rm과 dis 간 상관은 0.205으로 양이다. 그러나 lstat에 조건화하여 편상관은 -0.146으로 음이다. 즉, 소득수준 별로 보면 도심으로부터 떨어진(가까운) 구역의 집들은 방의 수가 작은(큰) 경향이 있다. 소득수준을 고려하지 않았을 때는 도심으로부터 떨어진(가까운) 구역의 집들은 방의 수가 큰(작은) 경향이 있지만 말이다. 이와 같은 역전이 생긴 이유는 저소득층이 도심 가까이 방의 수가 작은 주택에 살기 때문이다.

8장. 빈도적 추론

1. 임의표본 $x_1, x_2, \cdots, x_n$가 정규분포 $N(\theta, 15^2)$에서 나왔다고 하자. θ에 대한 추정치로 $\hat{\theta}_\alpha := \alpha \cdot 100 + (1-\alpha)\sum_{i=1}^{n} x_i/n$를 생각하자 (지능지수 IQ가 정상집단에서 $N(100, 15^2)$임을 염두에 둔 추정치이다). $n = 100$인 경우, $90 \leq \theta \leq 110$에서, $\alpha = 0.2$인 $\hat{\theta}_\alpha := \alpha \cdot 100 + (1-\alpha)\sum_{i=1}^{n} x_i/n$의 MSE를 $\hat{\theta} := \sum_{i=1}^{n} x_i/n$의 MSE와 비교하라.

풀이. $\hat{\theta}_\alpha := \alpha \cdot 100 + (1-\alpha)\sum_{i=1}^{n} x_i/n$의 편향은

$$bias(\tilde{\theta}_\alpha;\theta) = \alpha \cdot 100 + (1-\alpha)\theta - \theta = \alpha(100-\theta),$$

분산은 $Var(\tilde{\theta}_\alpha;\theta) = (1-\alpha)^2 15^2/n$이다. 따라서 평균제곱오차는

$$MSE(\tilde{\theta}_\alpha;\theta) = \alpha^2(100-\theta)^2 + (1-\alpha)^2 15^2/n$$

이다. 한편, $\hat{\theta} := \sum_{i=1}^{n} x_i/n$의 MSE는 $MSE(\hat{\theta};\theta) = 15^2/n$이다.

다음 그림이 $\hat{\theta}_{0.20}$의 MSE와 $\hat{\theta}$의 MSE $(\alpha = 0)$를 비교해 보여준다. $\theta = 100 \pm 4$에서 $\hat{\theta}_{0.20}$가 $\hat{\theta}$보다 좋은 추정량임을 알 수 있다.

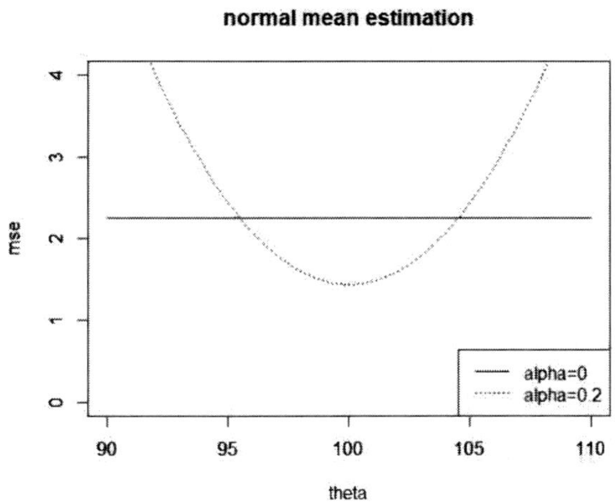

R 코드:

```
# Normal mean estimation
mse <- function(theta) {
  sq.bias <- (alpha*(100-theta))^2
  var <- (1-alpha)^2 * 15^2 /n
  return(sq.bias + var)
}
n <- 100
alpha <- 0
plot(mse, 90,110, xlab="theta", ylim=c(0,4), main="normal mean estimation")
par(new=TRUE)
alpha <- 0.2
plot(mse, 90,110, lty="dotted", xlab="", ylim=c(0,4))
legend("bottomright",legend=c("alpha=0","alpha=0.2"),lty=c("solid","dotted"))
```

2. 정규모집단 $N(\theta, 15^2)$에 대한 추정치로 $T_1 \sim N(\theta, \sigma_1^2)$과 $T_2 \sim N(\theta, \sigma_2^2)$가 가용하다고 하자 ($\sigma_1^2$, σ_2^2는 known). T_1과 T_2가 독립이라는 전제 하에, T_1과 T_2를 결합하여 평균제곱오차 MSE 기준에서 θ에 대한 최량의 추정치를 제시하라.

풀이. $T_\alpha := \alpha T_1 + (1-\alpha) T_2$를 생각하자. $E(T_\alpha; \theta) = \theta$이므로 편향은 0이다 ($bias(T_\alpha; \theta) = 0$). 분산은 $Var(T_\alpha; \theta) = \alpha^2 \sigma_1^2 + (1-\alpha)^2 \sigma_2^2$이다.

$Var(T_\alpha;\theta)$은 α의 2차 함수인데 $\alpha = \dfrac{\sigma_2^2}{\sigma_2^2+\sigma_2^2}(:=\alpha^*)$에서 최소이다.

답. $T_{\alpha^*} := \alpha^* T_1 + (1-\alpha^*)T_2$, 여기서 $\alpha^* = \dfrac{\sigma_2^2}{\sigma_2^2+\sigma_2^2}$.

3. 감마분포 Gamma(alpha=4, beta=1)로부터 100개의 관측값을 임의생성하여 x 라고 하자. x에 대해 감마분포를 가정하고 1) alpha와 beta를 적률 방법으로 추정하라. 2) alpha와 beta를 최대가능도방법으로 추정하라. 단, 이를 위해 R 의 경우 optim()이라는 일반적 최소화 함수를, Python의 경우 scipy.optimize 의 minimize 함수를 써서 풀 수 있다.

풀이. R 코딩:

```
n <- 100
set.seed(1)
x <- rgamma(n,4,1)

n.loglik <- function(theta) {
   density <- dgamma(x, shape=theta[1], scale=theta[2])
   return(-sum(log(density)))
}

alpha <- mean(x)^2/var(x)
beta <- var(x)/ mean(x)
c(alpha,beta)
[1] 5.889621 0.668458                ← method of moments 추정값

optim(c(alpha,beta), n.loglik)
optim(c(alpha,beta), n.loglik, method="L-BFGS-B", lower=c(0,0))
$par
[1] 5.3436210 0.7367609        ← maximum likelihood method 추정값
$value
[1] 188.5984
```

4. 임의표본 $x_1, x_2, \cdots, x_n$이 정규분포 $N(\theta, \sigma^2)$에서 나왔다고 하자. θ에 대한 추정치로서, 표본중위수 $\widetilde{X}(:=\tilde{\theta})$와 표본평균 $\overline{X}(:=\hat{\theta})$의 평균제곱오차(MSE)

를 비교하라.

풀이. $\widetilde{X}$의 근사분포: $\sqrt{n}(\widetilde{X}-\theta) \to N(0, \frac{1}{4f_X(\theta)^2})$, $f_X(\theta)=\frac{1}{\sqrt{2\pi\sigma^2}}$.

$\overline{X}$의 근사분포: $\sqrt{n}(\overline{X}-\theta) \to N(0, \sigma^2)$.

대표본에서 $\widetilde{X}$와 $\overline{X}$는 모두 비편향이므로 각각의 MSE는 추정량의 분산과 같다. 따라서

$$\widetilde{X}\text{의 MSE} \simeq \frac{1}{n\,4f_X(\theta)^2} = \frac{\pi}{2}\frac{\sigma^2}{n} > \frac{\sigma^2}{n} = \overline{X}\text{의 MSE}.$$

9장. 베이즈 추론

1. 지수분포 exponential(θ)의 기대값 파라미터 θ에 대한 베이즈 95% 신뢰구간을 산출하라. 관측 표본은 다음과 같다 ($n=24$, $\overline{x}=2.13$).

3.73	0.81	0.29	3.46	0.18	1.33	2.15	3.02
2.63	0.31	1.49	2.49	1.35	3.18	2.16	1.59
2.89	8.98	3.41	1.24	0.71	1.38	1.67	0.67

단, $\lambda := \theta^{-1}$에 대한 선先분포를 Gamma(α,β), $\alpha=2$, $\beta=1/\overline{x}$로 할 것.[1)]

풀이. R 코딩

```
# exponential parameter
n <- 24
set.seed(2)
x <- rexp(n, rate=0.5)
x <- round(x, 2); x

alpha <- 2
beta <- 1/mean(x)
```

1) 이렇게 설정한 이유는 $E(\overline{X}\mid\theta)=\theta$인데 $\alpha=2$인 경우 $E_{\text{prior}}(\theta)=E_{\text{prior}}(\lambda^{-1})=\beta^{-1}$이기 때문이다.

```
alpha.1 <- alpha + n
beta.1 <- 1/(1/beta+sum(x))
lambda <- seq(0,1.5,0.01)
density <- dgamma(lambda, shape=alpha.1, scale=beta.1)
plot(density ~ lambda, lty="dotted", type="l", ylim=c(0,5),
   main="Poisson parameter")
ci.95 <- qgamma(p=c(0.025,0.975), shape=alpha.1, scale=beta.1)
round(ci.95, 3)              ## 0.319, 0.693    ← λ에 대한 신뢰구간
text(ci.95,c(0,0),"|",col="blue")
segments(ci.95[1],0,ci.95[2],0,col="blue")

ci.95.for.theta <- 1/ci.95
round(ci.95.for.theta, 2)  ## 3.19, 1.44   ← θ에 대한 신뢰구간 (상,하)
```

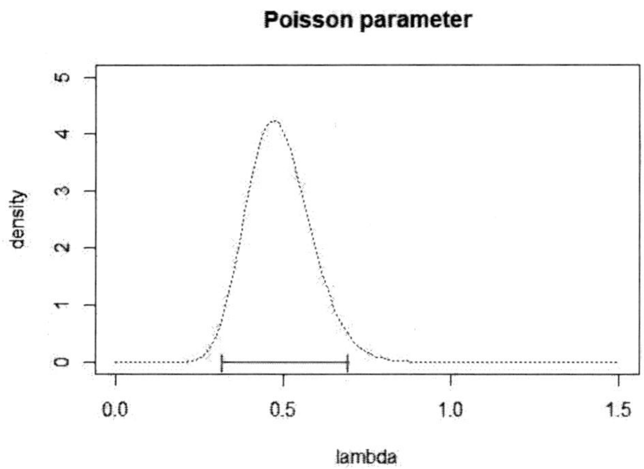

2. 앞의 문제를 빈도론으로 접근하여 θ에 대한 95% 신뢰구간을 산출하라.

풀이. 지수분포 exponential (θ) 분포의 기대값과 분산이 각각 θ와 θ^2이므로 중심극한정리에 의하여

$$\frac{\overline{X}-\theta}{\sqrt{\frac{\theta^2}{n}}} \sim N(0,1), \text{ 근사적으로}$$

이다. 따라서

$$-1.96 \leqq \frac{\overline{X}-\theta}{\frac{\theta}{\sqrt{n}}} \leqq 1.96 \qquad (1)$$

이 대략 95%의 확률을 갖는다. 부등식 (1)을 θ로 나타내면

$$1-\frac{1.96}{\sqrt{n}} \leqq \frac{\overline{X}}{\theta} \leqq 1+\frac{1.96}{\sqrt{n}}.$$

$$\therefore \quad \frac{\overline{X}}{1+\frac{1.96}{\sqrt{n}}} \leqq \theta \leqq \frac{\overline{X}}{1-\frac{1.96}{\sqrt{n}}}.$$

R 코딩.

```
# exponential parameter: frequentist confidence interval
x.mean <- mean(x); x.mean
ci.95 <- c(x.mean/(1+1.96/sqrt(n)),x.mean/(1-1.96/sqrt(n)))
round(ci.95, 2)              ##  1.52, 3.55
```

3. 확률변수 X가 이항분포 $B(n, \theta)$를 따른다 ($n=100$). 그런데 이항비율 θ는 0.75의 확률로 베타분포 Beta (α, β)에서 나오고 0.25의 확률로 Beta (β, α)에서 나온다고 하자 ($\alpha=3,\ \beta=5$). X의 관측 값이 $x\,(=0, 1, \cdots, n)$일 때 θ가 어느 베타분포에서 나왔을 것으로 보는 것이 합리적일까?

풀이. 확률변수 $Z(=1,2)$를 θ가 어느 베타분포에서 나오는지를 나타낸다고 하자. 즉 $Z=1$은 Beta (α, β)가 출처임을, $Z=2$는 Beta (β, α)가 출처이고 $P\{Z=1\}=0.75$, $P\{Z=2\}=0.25$이다.

후 확률 posterior probability for $Z=1$ given $X=x$는 다음에 비례:

$$0.75\int_0^1 \theta^x (1-\theta)^{n-x}\theta^{\alpha-1}(1-\theta)^{\beta-1}d\theta = 0.75\,B(x+\alpha, n-x+\beta),$$

후 확률 posterior probability for $Z=2$ given $X=x$는 다음에 비례:

$$0.25\int_0^1 \theta^x (1-\theta)^{n-x}\theta^{\beta-1}(1-\theta)^{\alpha-1}d\theta = 0.25\,B(x+\beta, n-x+\alpha).$$

따라서 $Z=1$로 판단하는 것이 합리적인 경우는

$$0.75\,B(x+\alpha, n-x+\beta) \ \geqq\ 0.25\,B(x+\beta, n-x+\alpha) \qquad (1)$$

일 때이다. R로 확인해보면 (1)은 $x = 0, 1, \cdots, 64$ 일 때 성립한다 ($n = 100$, $\alpha = 3$, $\beta = 5$).

* R 코딩:

```
n <- 100
x <- 0:100
alpha <- 3
beta <- 5
x[0.75*beta(x+alpha, n-x+beta) >= 0.25 * beta(x+beta, n-x+alpha)]
```

10장. 가설 검정

1. 베르누이 분포 Bernoulli(θ)에서 크기 n의 표본 $x_1, \cdots, x_n$을 얻었다고 하자. $H_0 : \theta = \theta_0$ vs. $H_1 : \theta > \theta_0$를 검정하라. 1) 네이만-피어슨 보조정리를 적용하여 검정통계량 T를 정하라. 2) 영가설 H_0 하에서 T의 분포를 유도하고 p-값의 산출방법을 제시하라.

풀이. $\theta_1 > \theta_0$에 대하여

$$\begin{aligned} \Lambda(x_1, \cdots, x_n) &:= \frac{L(\theta_1; x_1, \cdots, x_n)}{L(\theta_0; x_1, \cdots, x_n)} \\ &= \frac{\theta_1^{\sum_{i=1}^n x_i}(1-\theta_1)^{n-\sum_{i=1}^n x_i}}{\theta_0^{\sum_{i=1}^n x_i}(1-\theta_0)^{n-\sum_{i=1}^n x_i}} \\ &= \left[\frac{\theta_1(1-\theta_0)}{\theta_0(1-\theta_1)}\right]^{\sum_{i=1}^n x_i}\left[\frac{1-\theta_1}{1-\theta_0}\right]^n \end{aligned}$$

이므로

$$\Lambda(x_1, \cdots, x_n) \geq c \Rightarrow \sum_{i=1}^n x_i \geq c'.$$

따라서 검정통계량을 $T := \sum_{i=1}^n X_i$ 로 정의한다. 그런데 T는 $H_0 : \theta = \theta_0$ 하에서 이항분포 $B(n, \theta_0)$을 따른다.

그러므로 T의 실현 값을 $t\ (=\sum_{i=1}^{n} x_i)$라고 할 때

$$p\text{-값} = \mathrm{P}(T \geqq t;\ \theta_0) = \mathrm{P}(T \geqq \sum_{i=1}^{n} x_i;\ \theta_0)$$

이다. 여기서 p-값은 이항분포 $B(n, \theta_0)$에서 t의 오른 쪽 꼬리 확률이다 (이산형 분포이므로 경계 값 포함).

2. 지수분포 exponential (θ)에서 크기 n의 표본 $x_1, \cdots, x_n$을 얻었다고 하자. $H_0 : \theta = \theta_0$ vs. $H_1 : \theta > \theta_0$를 검정하라. 1) 네이만-피어슨 보조정리를 적용하여 검정통계량 T를 정하라. 2) 영가설 H_0 하에서 T의 분포를 구하고 p-값의 산출방법을 제시하라.

풀이. $\theta_1 > \theta_0$에 대하여

$$\Lambda(x_1, \cdots, x_n) := \frac{L(\theta_1; x_1, \cdots, x_n)}{L(\theta_0; x_1, \cdots, x_n)} = \frac{\theta_1^{-n} e^{-\frac{1}{\theta_1}\sum_{i=1}^{n} x_i}}{\theta_0^{-n} e^{-\frac{1}{\theta_0}\sum_{i=1}^{n} x_i}} = \frac{\theta_1^{-n}}{\theta_0^{-n}} e^{[\frac{1}{\theta_0} - \frac{1}{\theta_1}] \sum_{i=1}^{n} x_i}$$

이므로

$$\Lambda(x_1, \cdots, x_n) \geqq c \ \Rightarrow \ \sum_{i=1}^{n} x_i \geqq c'.$$

따라서 검정통계량을 $T := \sum_{i=1}^{n} X_i$로 정의한다. 그런데 T는 $H_0 : \theta = \theta_0$ 하에서 감마 분포 Gamma (n, θ_0)을 따른다.

그러므로 T의 실현 값을 $t\ (=\sum_{i=1}^{n} x_i)$라고 할 때

$$p\text{-값} = \mathrm{P}(T \geqq t;\ n, \theta_0) = \mathrm{P}(T \geqq \sum_{i=1}^{n} x_i;\ n, \theta_0)$$

이다. 여기서 p-값은 Gamma (n, θ_0)에서 t의 오른 쪽 꼬리 확률이다.

3. 모상관이 ρ인 이변량 정규분포에서 크기 n의 표본 $(x_1, y_1) \cdots, (x_n, y_n)$을 얻었다고 하자. $H_0 : \rho = 0$ vs. $H_1 : \rho > 0$를 검정하라. $\rho = 0.25$인 모집단에서 크기 $n = 50$인 데이터를 모의생성하여

1) 빈도론적에서는 검정통계량을 $T := \sqrt{n-2}\frac{r}{\sqrt{1-r^2}}$ 로 한다. H_0 하에서 T의 분포가 $t(df=n-2)$임을 활용하여 p-값을 산출하라.

2) 임의순열 검정의 방법을 제시하라.

풀이. R 코딩

```
# bivariate normal sample, rho = 0.25
rho <- 0.25
n <- 50
set.seed(1)
x <- rnorm(n)
y <- sqrt(1-rho^2)*rnorm(n) + rho * x
r <- cor(x, y)
round(r, 3)                     ## 0.18

# t-test
t <- sqrt(n-2) * r / sqrt(1-rho^2)
round(t, 2)                     ## 1.29
p.value <- 1 - pt(t, df=n-2)
round(p.value, 3)               ## 0.102

# random permutation test
N <- 1000
count <- 0
r.star <- rep(0, N)
for (k in 1:N) {
   y.star <- sample(y)
   r.star[k] <- cor(x, y.star)
   if (r.star[k] >= r) count <- count + 1
}
p.value <- count/N
p.value                         ## 0.110
hist(r.star, xlim=c(-0.6,0.6), main="random permutation test")
text(r, 0, "|", col="red", cex=2)
```

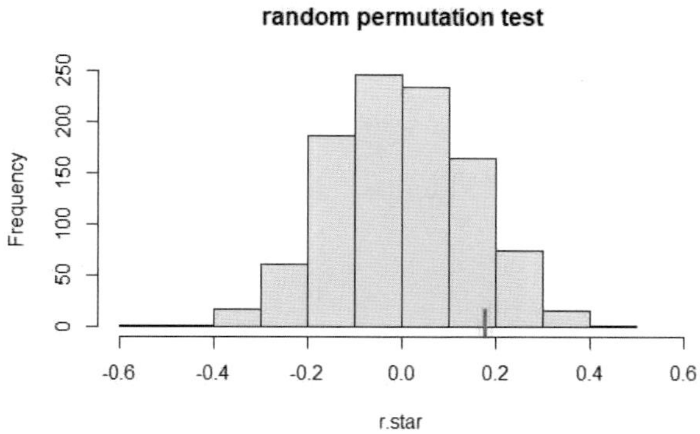

11장. 회귀모형

1. mosaic 팩키지의 SAT 데이터에서 수능점수(평균) sat $(= Y)$를 교사의 연봉(평균) salary $(= X_1)$, 시험응시자 비율 frac $(= X_2)$ 외에 학생 대 교사 비율 ratio $(= X_3)$을 설명변수로 고려한 선형회귀모형을 제시하라. X_3의 계수가 음이라고 할 수 있는지 통계적 유의성을 검토하여 보고하라.

풀이. R 코딩:

```
library(mosaic)
data(SAT)
attach(SAT)
model <- lm(sat ~ salary + frac + ratio)
summary(model)
```

출력:

```
Coefficients:
            Estimate Std. Error t value Pr(>|t|)
(Intercept) 1057.8982   44.3287  23.865   <2e-16 ***
salary         2.5525    1.0045   2.541   0.0145 *
frac          -2.9134    0.2282 -12.764   <2e-16 ***
ratio         -4.6394    2.1215  -2.187   0.0339 *
---
Residual standard error: 32.41 on 46 degrees of freedom
```

```
Multiple R-squared:  0.8239,   Adjusted R-squared:  0.8124
```

설명변수 ratio의 계수는 -4.64이다. ratio가 클수록 반응을 낮춘다. 이것의 p-값은 출력된 p-value 0.034의 절반인 0.017이다 (단측 검정). 따라서 ratio 계수가 음인 것이 확인되었다고 말할 수 있다.

2. 앞의 문제에서 X_3 의 계수가 음인지에 대한 통계적 유의성을 임의순열 검정으로 살펴보라.

풀이. R 코딩: 계속

```
# random permutation test for regression coefficient
b3 <- model$coefficients[4]; b3   ## -4.639428
y <- sat
x1 <- salary
x2 <- frac
x3 <- ratio

N <- 1000
b3.star <- rep(0,N)
set.seed(1)
for (k in 1:N) {
    x3.star <- sample(x3)
    model <- lm(y ~ x1 + x2 + x3.star)
    b3.star[k] <- model$coefficient[4]
}

hist(b3.star, main="random permutation test of regression coefficient")
text(b3,0,"|",col="red")
p.value <- sum(b3.star <= b3)/N
p.value   ## 0.011
```

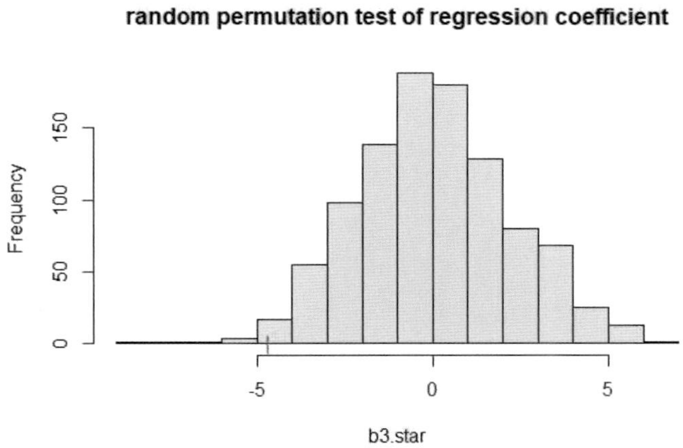

-> 임의순열검정의 p-값은 0.011이다. 위 그래프에서 적색 기호 왼쪽 꼬리 부분의 확률이다.

12장. 분류모형

1. 별첨 데이터 파일 "class_2.csv"이 이항형 변수 y (=0,1)와 2개의 연속형 공변량 x1과 x2가 담고 있다 ($n=100$). 데이터에 로지스틱 회귀모형을 적합하여 제시하라. 그리고 적합확률이 0.5 이상이면 y를 1로, 0.5 미만이면 0으로 예측한다고 할 때 예측 정확도를 보여주는 2*2 교차표를 제시하라.

풀이. R 코딩

```
# read data
df_2 <- read.csv("class_2.csv")
str(df_2)
model.2 <- glm(y ~ x1 + x2, family="binomial", data=df_2)
summary(model.2)
## Coefficients:
##              Estimate Std. Error z value Pr(>|z|)
## (Intercept)  -0.1452     0.2112  -0.688    0.492
## x1            0.5995     0.2488   2.409    0.016 *
## x2            0.2753     0.2186   1.260    0.208
## ---
```

```
##     Null deviance: 138.47  on 99  degrees of freedom
## Residual deviance: 130.56  on 97  degrees of freedom

pred.2 <- ifelse(model.2$fitted.values >=0.5, 1, 0)
table(pred.2, df_2$y, dnn=list("predicted","observed"))
##          observed
## predicted  0  1
##         0 36 17
##         1 16 31
```

2. (앞 문제의 계속) 로지스틱 회귀 모형에서 공변량 x2의 통계적 유의성을 임의 순열 검정(random permutation)으로 검토하라.

풀이. R 코딩

```
# random permutation test for beta2
b2 <- model.2$coefficients[3]
N <- 1000
b2.star <- rep(0,N)
set.seed(2)
for (k in 1:N) {
  df_2$x2.star <- sample(df_2$x2)
  model <- glm(y ~ x1 + x2.star, family="binomial", data=df_2)
  b2.star[k] <- model$coefficients[3]
}
p.value <- sum(abs(b2.star) >= b2)/N
p.value         ## 0.208
```

* 이 p-값은 양측검정의 것이다. 따라서 단측검정의 p-값은 0.104이다.

부록 B. 탐구

여기서는 흥미로운 탐구문제 다섯 개를 소개하려 한다. 첫 번째와 두 번째는 확률 문제인데 몬테칼로(Monte-Carlo) 방법을 활용해 풀어낸다. 즉, 확률 과정을 컴퓨터에 모사해 넣고 그것을 $N(=10{,}000)$번 반복 관찰하여 해를 산출한다. 확률과 컴퓨터의 조합이 얼마나 강력한지를 느끼게 한다.

세 번째와 네 번째 문제는 수학이 확률・통계에서 얼마나 멋지게 쓰이는지를 보여준다. 불확실한 사건들이 연속되는 상황에서 확실시되는 장기적 전망을 끌어내고, 초평면이 정육면체를 가르는 모습을 기하적으로 묘사하여 균일 변수 3개의 평균이 취하는 확률분포를 규명한다.

다섯 번째 문제는 또 하나의 중심극한정리이다. 연속형 분포로부터의 표본 중위수(sample median)는 항상 정규분포를 따름을 보인다 (표본크기가 충분히 크면). 여섯 번째 문제는 수학적 풀이를 몬테칼로 방법을 활용한 수치적 풀이로 대치하는 예이다. 일곱 번째 문제는 골턴(Francis Galton)의 역사적 데이터 분석인 중심으로의 회귀(regression) 문제이다.

1. 도박 문제
2. 대기열 문제
3. Kelly의 공식: 기대값의 활용
4. 균일 변수 3개의 평균
5. 중위수의 대표본 분포
6. 이항 파라미터 θ의 추정: 8장 예 7의 수치적 풀이
7. 골턴의 회귀 문제

1. 도박 문제 Gambler's ruin problem

카지노에서 딜러를 상대로 하는 게임은 예외 없이 플레이어에게 약간 불리하다. 예컨대 룰렛(roulette)이 그렇다. 룰렛은 38개 칸으로 구분된 커다란 원판을 돌리는 기구인데 38개 칸 중에서 36개 칸에는 1, 2, …, 36이 프린트되어 있고 나머지 두 칸에는 0, 00이 프린트되어 있다. 플레이어가 홀수(18개), 또는 짝수(18개)에 베팅하는 홀・짝 게임을 하는 경우, 플레이어의 승률 p는 $18/38\,(=0.474)$로 0.5보다 살짝 작은데 룰렛 칸이 0, 00인 경우엔 딜러가 돈을 가져가기 때문이다.

이 절에서는 소위 "Gambler's ruin problem"을 다루려 한다. 직역하자면 '도박사의 파산 문제'가 되겠으나 실제로는 도박에 참여하는 일반적인 플레이어가 겪는 확률적 과정에 대한 탐구이다.

플레이어는 $k\,(=5)$ 달러를 가지고 카지노에 들어간다. 그는 매 플레이에서 1달러를 건다. 따라서 첫 플레이에서 이기면 자산이 $k+1$ 달러가 되고 지면 $k-1$ 달러가 된다. 자산이 0이 되면 더 이상 플레이를 할 수 없다. 그는 자산이 목표액 $n\,(=20)$ 달러가 달성되면 카지노에서 나온다. <그림 1>과 <그림 2>를 보라. 두 그림은 보다 간단한 상황에서 목표 달성을 하는 경우와 파산하는 경우를 보여준다. 여기서 우리가 풀려고 하는 문제는 다음 2개이다.

문 1. 그가 파산할 확률은 얼마인가? (또는 목표액을 달성할 확률은 얼마인가?)

문 2. 그는 몇 번의 플레이를 하게 되는가? (기대값과 분포)

여기서는 반복 수 $N(=10{,}000)$의 몬테칼로 모의시행으로 문제를 풀고자 한다. 아래 코딩에서 balance는 현재 자산이고 final은 종료시점의 자산(0, n)이다.

R 코딩: $k=5$, $n=20$, $p=18/38$

```
# Gambler's Ruin Problem
k <- 5       # initial
n <- 20      # target
p <- 18/38   # winning probability
N <- 10000
```

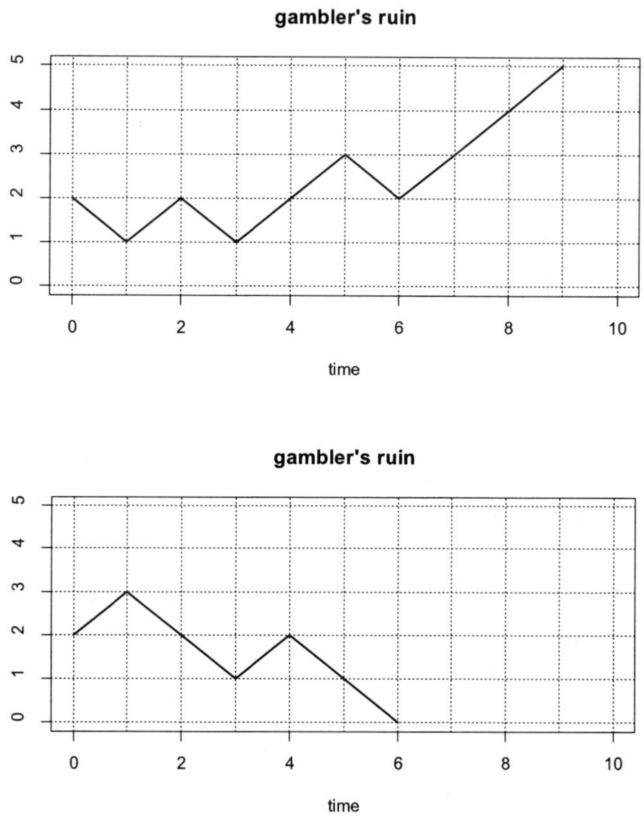

<그림 1> 플레이어가 파산하는 경우(下)와 목표액 달성의 경우(上): $k=2,\ n=5$.

```
final <- rep(NA,N)
duration <- rep(NA,N)

for (i in 1:N) {
  balance <- k
  count <- 0
  while (balance > 0 & balance < n) {
    balance <- balance + 2*rbinom(1,1,p) - 1
    count <- count + 1
  }
  final[i] <- balance
```

```
  duration[i] <- count
}
# empirical probability of ruin
table(final)/N                    ## 0.9021 0.0979
```

-> 모의시행에서 파산확률이 0.902로 나왔다 (목표액 달성의 확률은 0.098). 그런데 이 문제에서 파산확률은 수학적으로 정확히 풀어낼 수 있다.[1)] 아래에 수학적 해를 제시하였다: 0.904.

```
# theory for the probability of ruin
q <- 1-p
r <- q/p
prob <- ifelse(abs(r-1)<0.0001,1-k/n,(r^k-r^n)/(1-r^n))
prob   # mathematical probability of ruin       ## 0.9040
```

다음은 파산 또는 목표액 달성까지 플레이 수(=duration)의 평균을 제시한다. 몬테칼로 모의시행(반복 수 10,000번)에서 평균 58.5회로 집계되었다.

```
# empirical mean duration
mean(duration)                        ## 58.5
# mathematical theory for the expected duration
mean_ <- ifelse(abs(r-1)<0.0001,k*(n-k),k/(q-p)-n/(q-p)*(1-r^k)/(1-r^n))
mean_                                 ## 58.5
```

-> 플레이 수의 기대값은 수학적으로 정확히 풀어낼 수 있다. 해는 58.5회이다. 이 문제의 풀이에서 몬테칼로 방법의 이점은 플레이 수 duration의 분포가 파악된다는 점이다. duration의 히스토그램을 그려보자.

```
# empirical distribution of duration
hist(duration, main=paste("Gambler's ruin, 0 - ",k,"-",n), nclass=40,
   xlim=c(0,400))
```

---

1) 파산확률 $p(k,n)$에 대한 수학적 해: $r=\frac{q}{p}$라고 할 때,

$$p(k,n)=\begin{cases}1-\dfrac{k}{n}, & \text{if } r=1,\\ \dfrac{r^k-r^n}{1-r^n}, & \text{otherwise.}\end{cases}$$

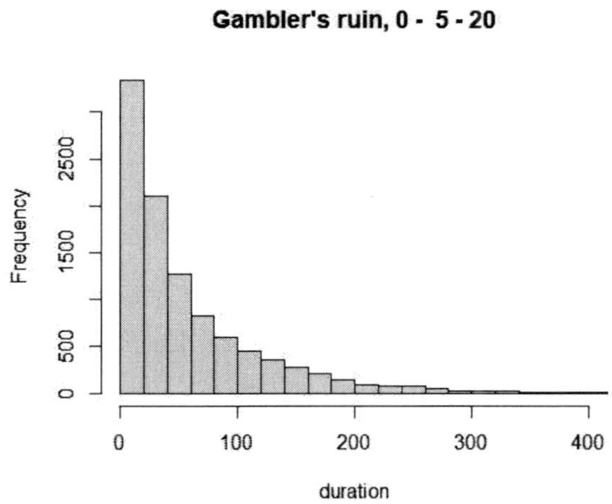

<그림 2> 플레이 수 duration의 분포

* 승률 p가 0.5인 경우엔 플레이어의 파산확률은 수학적으로 0.75 $(= 1 - k/n)$이고 플레이 수의 기대값은 75회 $(= k\,(n-k))$이다.

2. 대기열 문제 Queueing problem

좌석이 1개인 맛집을 방문한다고 하자. 맛집에 가봤더니 누군가가 식사 중이거나 문밖에서 대기 중인 다른 사람까지 있는 경우엔 기다려야 한다. 여기서는 간단한 대기열 시스템인 "M/M/1 모형"을 몬테칼로 방법으로 모사하고자 한다.

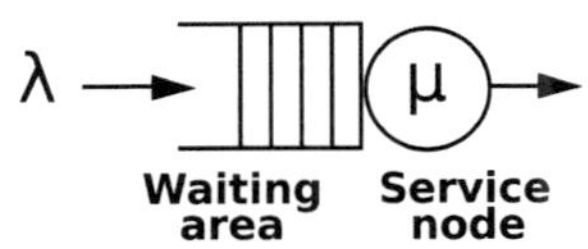

<그림 2> 대기열 시스템 M/M/1

<그림 2>의 M/M/1 시스템에서 손님의 도착시간은 지수분포 exponential (λ)로 가정한다. 즉 한 손님이 온 후 다음 손님이 오는 시간 T는

$$f_T(t;\lambda) = \lambda e^{-\lambda t},\ t > 0,$$

이다. 즉, λ는 시간 당 도착 수(arrival rate)이고 $E(T;\lambda) = 1/\lambda$이다. 맛집에서의 서비스 시간(= 좌석에서 식사하는 시간) S에 대하여는

$$f_S(s;\mu) = \mu e^{-\mu s},\ s > 0$$

를 가정하자. μ는 시간 당 서비스 수(service rate)이고 $E(S;\mu) = 1/\mu$이다.

T와 S가 독립이라고 하자. 그리고 $\lambda < \mu$라고 하자.[2] 여기서 해를 구하자고 하는 문제는 다음 2개이다.

문제 1. 맛집에 도착 시 대기 중 또는 식사 중인 손님이 총 몇 명인가?

문제 2. 서비스를 받기 위해 대기해야 하는 시간은?

여기서는 몬테칼로 방법으로 풀이를 시도한다. 알고리즘에 반영할 시스템의 구조는 다음과 같다.

$i\ (=1, 2, \cdots, N)$번 째 손님이 맛집에 도착 시

경우 1: 맛집이 비어 있는 경우, 도착시각부터 서비스가 시작된다.

경우 2: 맛집에 먼저 온 손님(들)이 있는 경우, 앞 손님이 떠나는 시각까지는 대기열에 있어야 한다.

R 코딩: $\lambda = 0.5,\ \mu = 1;\ N(=10{,}000)$명의 손님

```
# queueing system M/M/1
lambda <- 0.5    # average number of arrivals per time unit
mu <- 1          # average number of services per time unit
N <- 10000
set.seed(1)
```

2) $\lambda > \mu$이면 시스템은 폭발한다. 도착하는 손님이 서비스를 받고 떠나는 손님보다 많으므로 대기열이 무한히 길어지기 때문이다. $\lambda = \mu$인 경우도 그렇다.

```
inter.arrival <- rexp(N, rate=lambda)
service <- rexp(N, rate=mu)
mean(inter.arrival)                        ## 1.996722    <- 평균 도착시간
mean(service)                              ## 0.995264    <- 평균 서비스 시간
par(mfrow=c(1,2))
hist(inter.arrival, xlim=c(0,20),ylim=c(0,0.8),freq=F,
        main="inter-arrival times")
hist(service, xlim=c(0,20),ylim=c(0,0.8),freq=F, main="serivice times")

# recording the process
arrival <- cumsum(inter.arrival)                    # arrival time
time.1 <- rep(NA, N)
time.2 <- rep(NA, N)
time.1[1] <- arrival[1]                             # first customer start
time.2[1] <- arrival[1] + service[1]                # first customer end

for (i in 2:N) {
  time.1[i] <- max(time.2[i-1], arrival[i])         # time.1 = service start
  time.2[i] <- time.1[i] + service[i]               # time.2 = service end
}

# compute waiting time
waiting <- time.1-arrival

# counting customers in the system (in the queue and/or in service).
L <- rep(0,N)
for (i in 2:N) {
  count <- 0
  for (j in (i-1):1) {
     if(time.2[j] >=arrival[i]) count <- count+1
       else break
  }
  L[i] <- count
}

# simulated data
df <- data.frame(arrival, service, time.1, time.2, waiting, L)
```

```
round(head(df,6), 2)
##    arrival service time.1 time.2 waiting L        <- 시뮬레이션 데이터 (일부)
## 1     1.51    0.65   1.51   2.16    0.00 0
## 2     3.87    1.46   3.87   5.33    0.00 0
## 3     4.17    0.23   5.33   5.56    1.17 1
## 4     4.44    0.39   5.56   5.95    1.12 2
## 5     5.32    0.15   5.95   6.11    0.64 3
## 6    11.11    0.18  11.11  11.29    0.00 0

# description of queue length
table(L)                                           <- 시스템 내 고객 수의 빈도
##    0    1    2   3   4   5  6  7  8  9 10 11 12
## 4989 2438 1228 667 345 172 80 34 11 11 12  9  4
mean(L)                                            <- 시스템 내 평균 고객 수
## 1.0307

# description of waiting time
mean(waiting)                                      <- 평균 대기시간
## 1.022305
mean(waiting[L>=1])                                <- 대기열에서의 평균 대기시간
## 2.040121
                                                   ↓ 대기열에서 대기시간의 분포
hist(waiting[L>=1], xlab="waiting time", main="customers waited for service")
```

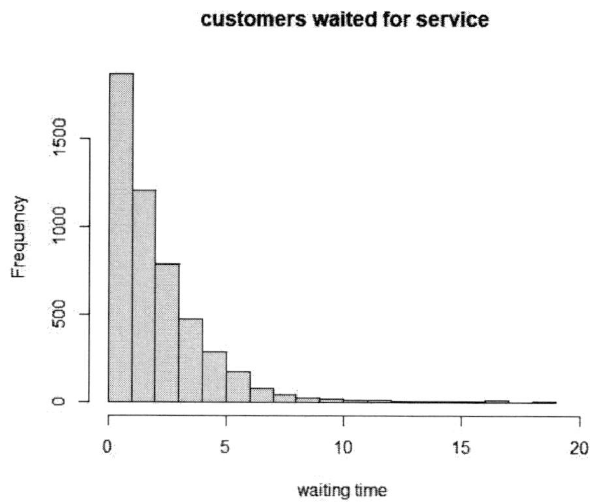

3. Kelly의 공식: 기대값의 활용

성공의 확률이 p인 베르누이 시행으로 돈 내기를 거듭한다고 하자 $(q = 1-p)$. 이기면 betting한 돈만큼 따고 지면 betting한 돈을 잃는다. 자산의 얼마만큼을 거는 것이 최선인가? 매번 베팅 금액은 자산의 일정 비율 r이다 $(0 \leqq r < 1)$.

초기 자산을 1이라고 하자. 베르누이 실현을 $x_1, x_2, \cdots, x_n$으로 표기하면, n번의 베르누이 시행 후 자산은

$$M_n = (1+r)^{\sum_{i=1}^{n} x_i}(1-r)^{n-\sum_{i=1}^{n} x_i}$$

이 된다. 즉,

$$\begin{aligned}\log_e M_n &= \sum_{i=1}^{n} x_i \log_e(1+r) + (n - \sum_{i=1}^{n} x_i)\log_e(1-r) \\ &= \sum_{i=1}^{n} x_i \cdot \log_e \frac{1+r}{1-r} + n\log_e(1-r)\end{aligned}$$

이다. $S_n := \sum_{i=1}^{n} X_i \sim B(n,p)$이므로 $\log_e M_n$에 대한 기대값

$$np \cdot \log_e \frac{1+r}{1-r} + n\log_e(1-r)$$

은 n의 선형함수이고 이 직선의 기울기는 $p\log_e \frac{1+r}{1-r} + \log_e(1-r)$ $(:= b(r))$ 이다. 그런데

$$b'(r) = \frac{p}{1+r} - \frac{q}{1-r} = \frac{p-q-r}{(1+r)(1-r)}$$

이므로, $p > q$인 경우 $b(r)$은 $r^* = p-q$에서 최대이다. 그때 $b(r)$은

$$b(r^*) = p\log_e p + q\log_e q + \log_e 2 > 0.$$

$p \leqq q$인 경우엔 $b(r)$은 단조 감소하므로 $r^* = 0$에서 최대이다.

결론: $p > q$인 경우 $r^* = p - q$.

$p \leqq q$인 경우 $r^* = 0$.

수치 예: $p=0.52$, $q=0.48$인 경우, $r^*=0.04$. 즉 자산의 4%를 베팅하는 것이 최선이다. 이런 베팅으로 로그 자산에 대한 기대값이 선형적으로 (가장 가파르게) 증가한다. $p=q=0.5$인 fair game에서도 $r>0$로 게임에 참여하면 필히 망한다. 왜냐하면 $b(r)=0.5\ \log_e(1-r^2)<0$이기 때문.

참조: Wikipedia “Kelly criterion”

Monte-Carlo Simulation for the case $p=0.6,\ q=0.4;\ n=100$.

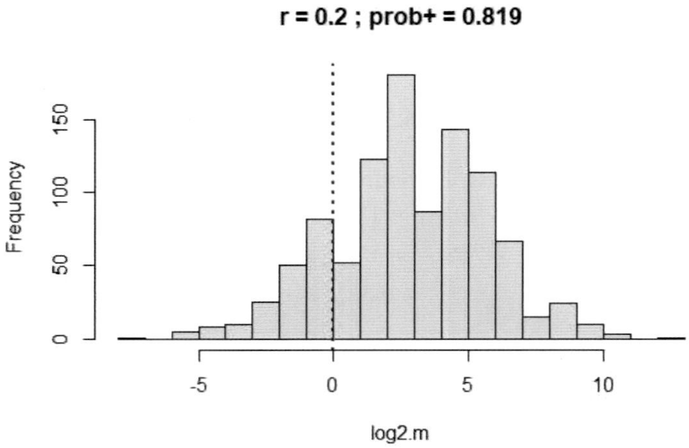

평균 2.87

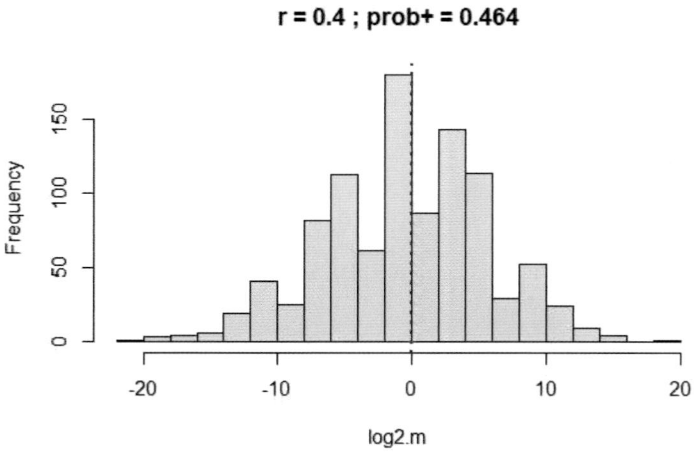

평균 -0.43

R 코딩:

```
# Kelly's rule
n <- 100
p <- 0.6
N <- 1000
s <- rbinom(N,n,p)
r <- 0.2
log2.m <- s*log(1+r,2)+(n-s)*log(1-r,2)
prob <- sum(log2.m > 0)/N; prob
mean(log2.m)
hist(log2.m, nclass=20, main=paste("r =",r,"; prob+ =",prob))
abline(v=0, lty="dotted", col="blue", lwd=2)
```

4. 균일변수 uniform random variables 3개의 평균

이 절에서는 독립적으로 3개의 변수에 대하여 $X, Y, Z \sim \text{uniform}(0,1)$를 가정하고 X, Y, Z의 평균이 어떤 확률밀도를 갖게 되는지를 규명할 것이다. 이를 위해 $G(u) := P\{X+Y+Z \geqq u\}$부터 찾아보자. (x, y, z) 공간에 모서리의 길이가 1인 정육면체 모형을 제작하여 문제에 접근하면 풀이에 도움이 된다. 정육면체 $0 \leqq x \leqq 1, 0 \leqq y \leqq 1, 0 \leqq z \leqq 1$와 초평면 $x+y+z=u$의 교차면을 형태에 따라 분류할 필요가 있다.

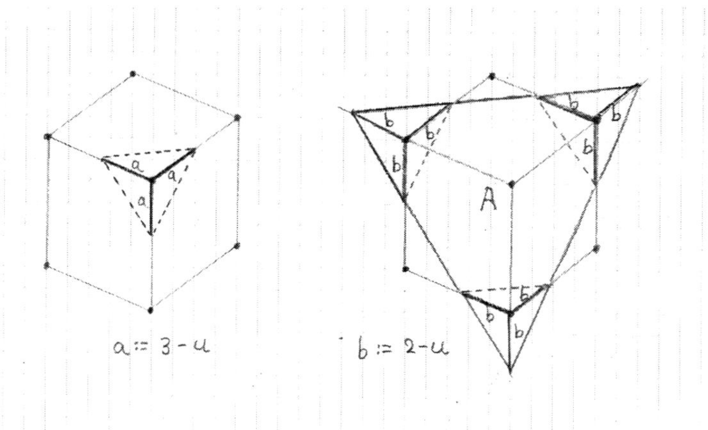

Case 1 [$2 \leqq u < 3$]. A: $(1,1,1)$을 중앙의 정점으로 하는 삼각뿔(cone)이 잘린다. A에서 시작하는 3개 모서리 길이는 $3-u\ (:=a)$이고 이들은 서로 직교한다. 따라서 잘리는 부분의 체적은

$$G(u) = \frac{1}{6}(3-u)^3,\ \ 2 \leqq u < 3.$$

Case 2 [$1 \leqq u < 2$]. 윗부분은 A: $(1,1,1)$을 꼭지점으로 삼각뿔(cone)이고 밑바닥 단면은 3개 꼭지 부분이 절단되어 육각형을 이룬다. 각 꼭지에서 직교하는 3개 모서리는 길이가 $2-u\ (:=b)$이다. 따라서 잘리는 다면체의 체적은

$$G(u) = \frac{1}{6}(3-u)^3 - \frac{3}{6}(2-u)^3,\ \ 1 \leqq u < 2.$$

Case 3 [$0 < u < 1$]. $G(u)$는 $(1.5, 0.5)$를 중심으로 대칭이어야 한다. 따라서

$$G(u) = 1 - \frac{1}{6}u^3.$$

그러므로 $X+Y+Z$의 분포함수 $F(u)\,(=1-G(u))$는 다음과 같다.

$$\begin{aligned} F(u) &= 1 - \frac{1}{6}(3-u)^3,\ \text{if}\ 2 \leqq u < 3, \\ &= 1 - \frac{1}{6}(3-u)^3 + \frac{3}{6}(2-u)^3,\ \text{if}\ 1 \leqq u < 2, \\ &= \frac{1}{6}u^3,\ \text{if}\ 0 \leqq u < 1. \end{aligned}$$

$X+Y+Z$의 밀도함수 $f(u)\,(=F'(u))$는 다음과 같다.

$$\begin{aligned} f(u) &= \frac{1}{2}(3-u)^2,\ \text{if}\ 2 \leqq u < 3, \\ &= \frac{1}{2}(3-u)^2 - \frac{3}{2}(2-u)^2,\ \text{if}\ 1 \leqq u < 2, \\ &= \frac{1}{2}u^2,\ \text{if}\ 0 \leqq u < 1. \end{aligned}$$

$\frac{1}{3}(X+Y+Z)$의 밀도함수 $f_1(u)$는 $3f(3u)$과 같다 $(0 < u < 1)$. 즉,

$$\begin{aligned} f_1(u) &= \frac{3}{2}(3-3u)^2,\ \text{if}\ \frac{2}{3} \leqq u < 1, \\ &= \frac{3}{2}(3-3u)^2 - \frac{9}{2}(2-3u)^2,\ \text{if}\ \frac{1}{3} \leqq u < \frac{2}{3}, \\ &= \frac{3}{2}(3u)^2,\ \text{if}\ 0 \leqq u < \frac{1}{3}. \end{aligned}$$

다음은 밀도함수 $f_1(u)$의 그래프이다. $f_1(u)$는 $u = \frac{1}{3}, \frac{2}{3}$에서 마디 점을 갖고 구간별로는 2차 다항식이다. $f_1(u)$는 마디 점에서 연속이고 미분가능하다.

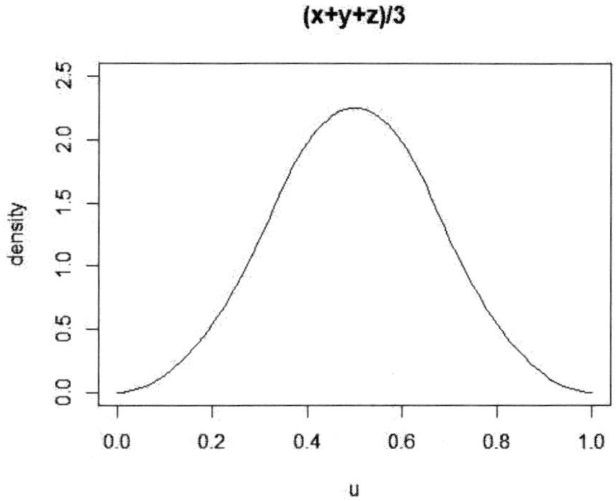

일반화 [Irwin-Hall distribution].

$X_1, X_2, \cdots, X_n \sim \text{uniform}(0,1)$, 독립일 때 $S := X_1 + X_2 + \cdots + X_n$의 분포는 다음과 같다. (Ref. Wikipedia)

$$\text{분포함수} \quad F_S(s) = \frac{1}{n!} \sum_{k=0}^{[x]} (-1)^k \binom{n}{k} (x-k)^n, \ 0 < x < n .$$

$$\text{밀도함수} \quad f_S(s) = \frac{1}{(n-1)!} \sum_{k=0}^{[x]} (-1)^k \binom{n}{k} (x-k)^{n-1}, \ 0 < x < n ,$$

여기서 $[x]$는 x를 넘지 않는 최대정수이다.

5. 중위수 sample median의 대표본 분포*

모분포가 연속형이고 분포함수가 미분가능한 경우 대표본의 중위수는 정규분포로 근사된다. 이제 이를 증명할 텐데 기술적으로 난도가 높다. 그러나 내용적으로 중요하므로 인내하여 읽어내길 바란다.

정리. 분포 함수 $F_X(x)$로부터 임의표본 $x_1, x_2, \cdots, x_n$이 추출되었다고 하자. 함수 $F_X(x)$가 중위수 ξ에서 미분가능하고 $F_X{}'(\xi) = f_X(\xi)$라고 하면, 표본크기 n이 무한히 커짐에 따라 표본 중위수 $\widetilde{X}$과 모분포 중위수 ξ의 차이에 대하여 다음의 분포적 수렴이 성립한다.

$$\sqrt{n}\,(\widetilde{X} - \xi) \to N(0, \frac{1}{4\,f_X(\xi)^2}), \quad \text{as } n \to \infty.$$

본 정리의 증명에 도움정리(lemma) 2개를 앞세운다.

도움정리 1. 균일분포 uniform$(0,1)$로부터 임의표본 $U_1, U_2, \cdots, U_n$이 추출되었다고 하자. 이들의 중위수 $\widetilde{U}$에 대하여

$$\sqrt{n}\,(\widetilde{U} - 0.5) \to N(0, \frac{1}{4}), \quad \text{as } n \to \infty.$$

증명. $n = 2m + 1$이라고 하자. $Z_n := \sqrt{n}\,(\widetilde{U} - 0.5)$의 분포를 알아보자.

$\widetilde{U} = 0.5 + \frac{Z_n}{\sqrt{n}}$이므로 Z_n의 밀도 $g_Z(z;n)$는

$$g_Z(z;n) = \binom{2m+1}{m}(0.5 + \frac{z}{\sqrt{n}})^m (0.5 - \frac{z}{\sqrt{n}})^m \frac{1}{\sqrt{n}}$$

이다. 그런데

$$\binom{2m+1}{m} \sim \frac{2m+1}{\sqrt{\pi m}} 4^m, \qquad \text{<- Stirling 공식에 의하여}$$

$$\left(0.5^2 - \frac{z^2}{n}\right)^m \sim \frac{1}{4^m} e^{-2z^2}$$

이므로

$$g_Z(z;n) \to \sqrt{\frac{2}{\pi}}\, e^{-2z^2}.$$

이것은 $Z_n \to N(0, \frac{1}{4})$임을 의미한다.

도움정리 2 [델타 방법]. $\sqrt{n}\,(T_n - \theta) \to N(0, \sigma^2)$라고 하자. 그리고 $G(v)$가 단조증가하는 연속함수로서 θ에서 미분가능하고 θ에서의 미분계수를 $g(v)$ $(= G'(v))$라고 하자. 그러면

$$\sqrt{n}\,\{G(T_n) - G(\theta)\} \to N(0, g(\theta)^2\,\sigma^2).$$

증명. 테일러 근사에 의하여 $G(T_n) - G(\theta) \simeq g(\theta)(T_n - \theta)$이므로

$$\sqrt{n}\,\{G(T_n) - G(\theta)\}\text{과 } g(\theta)\cdot\sqrt{n}(T_n - \theta)$$

은 분포적으로 같은 극한을 갖는다. 그것은 $N(0, g(\theta)^2\sigma^2)$이다.

본 정리의 증명.

$X_i = F_X^{-1}(U_i),\ i = 1, \cdots, n$으로 간주할 수 있고, $\widetilde{X} = F_X^{-1}(\widetilde{U})$이므로

$$\sqrt{n}\,(\widetilde{X} - \xi) \to N(0, \left[\frac{d}{du}F_X(u)^{-1}\right]^2_{u=0.5}\frac{1}{4}).$$ <- 도움 정리 1, 2

여기서 $v := F_X^{-1}(u),\ F_X(v) = u,\ \dfrac{du}{dv} = \dfrac{d}{dv}F_X(v) = f_X(v)$이므로

$$\frac{d}{du}F_X^{-1}(u) = \frac{dv}{du} = \frac{1}{\frac{du}{dv}} = \frac{1}{f_X(v)}.$$

$$\therefore\quad \left[\frac{d}{du}F_X^{-1}(u)\right]_{u=0.5} = \frac{1}{f_X(\xi)}.$$

따라서

$$\sqrt{n}\,(\widetilde{X} - \xi) \to N(0, \frac{1}{4f_X(\xi)^2}).$$

예 1. [중앙이 θ인 코시 분포; $f(x;\theta) = \dfrac{1}{\pi(1+(x-\theta)^2)},\ -\infty < x < \infty$]

모분포의 중위수 ξ가 θ이고 $f_X(\xi) = \dfrac{1}{\pi}$이므로 정리를 적용하면

$$\sqrt{n}\,(\widetilde{X} - \theta) \to N(0, \frac{\pi^2}{4}).$$

즉, $\widetilde{X} - \theta$의 분포는 $N(0, \dfrac{\pi^2}{4n})$으로 근사된다. 몬테칼로로 확인해보자.

R 코딩: $\theta = 0,\ n = 100$

```
# sample medians from Cauchy distribution
n <- 100
N <- 10000
med <- rep(0,N)
for (i in 1:N) {
```

```
    x <- rcauchy(n)
   med[i] <- median(x)
 }
 z <- sqrt(n)*med
 hist(z, breaks=c(-Inf, seq(-6,6,0.5), Inf),
     freq=FALSE, ylab="density",
     xlim=c(-6,6), ylim=c(0,0.3), main="median of cauchy samples")
 par(new=TRUE)
 ref <- function(x) dnorm(x, 0, pi/2)
 plot(ref, xlim=c(-6,6), ylim=c(0,0.3), lty="dotted", col="blue",
     xlab="", ylab="")
```

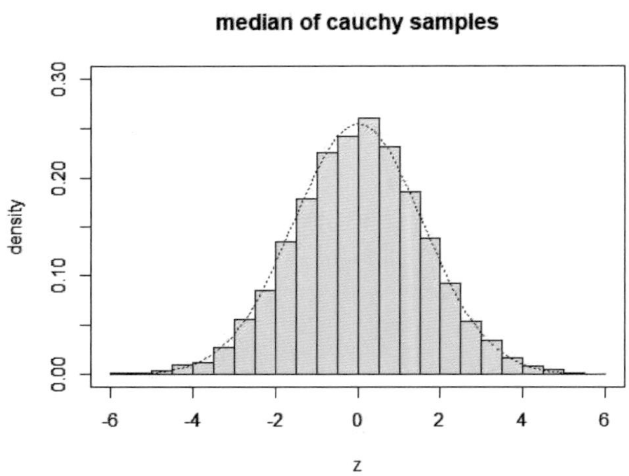

* 위 그래프에서 히스토그램은 $Z_n := \sqrt{n}\,\widetilde{X}$의 것이고 점선은 $N(0,\frac{\pi^2}{4})$의 밀도이다.

예 2. [중앙이 θ인 이중지수분포: $f(x;\theta) = \frac{1}{2}e^{-|x-\theta|}$, $-\infty < x < \infty$]

모분포의 중위수 ξ가 θ이고 $f_X(\xi) = \frac{1}{2}$이므로 정리를 적용하면

$$\sqrt{n}\,(\widetilde{X} - \theta) \to N(0,1).$$

R 코딩: $\theta = 0$, $n = 100$

```
# sample medians from double exponential distribution
library(extraDistr)
n <- 100
```

```
N <- 1000
med <- rep(0,N)
for (i in 1:N) {
   x <- rlaplace(n)*(2*rbinom(n,1,0.5)-1)
   med[i] <- median(x)
}
z <- med*sqrt(n)
hist(z, freq=FALSE, xlim=c(-4,4), ylim=c(0,0.5), nclass=20,
    ylab="density", main="median of double exponential samples")
par(new=TRUE)
plot(dnorm, xlim=c(-4,4), ylim=c(0,0.5), lty="dotted", col="blue",
    xlab="", ylab="", main="")
```

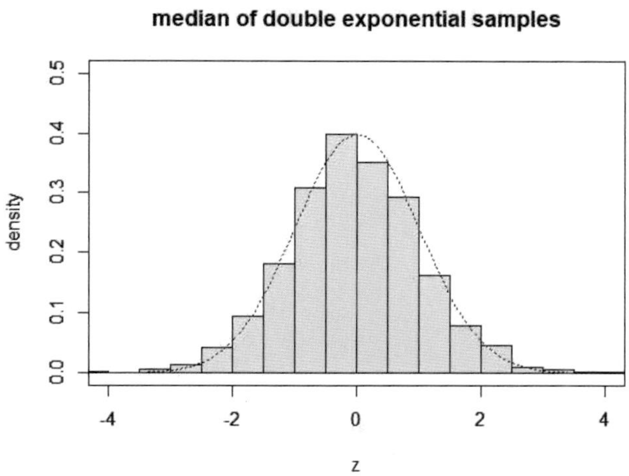

* 위 그래프에서 히스토그램은 $Z_n := \sqrt{n}\,\widetilde{X}$의 것이고 점선은 $N(0,1)$의 밀도이다.

6. 이항 파라미터 θ의 추정: 8장 예 7의 수치적 풀이

임의표본 $x_1, x_2, \cdots, x_n$가 베르누이 분포 Bernoulli(θ)에서 나왔다고 하자. θ에 대한 추정치로 $\hat{\theta} := \sum_{i=1}^{n} x_i / n$이 상식적이다 (적률방법, 최대가능도 방법). $\hat{\theta}$의 평균제곱오차 $MSE(\hat{\theta}\,;\theta)$는 $\theta(1-\theta)/n$이다. $\hat{\theta}$에 대한 대안으로

$$\tilde{\theta}_\alpha = \alpha\frac{1}{4} + (1-\alpha)\frac{1}{n}\sum_{i=1}^{n} x_i \qquad (0 \leqq \alpha \leqq 1)$$

를 생각할 수 있는데, $\hat{\theta}$과 $\tilde{\theta}_\alpha$을 8장의 예 7에서 "수학적 방법으로" 평균제곱오차 MSE의 관점에서 비교한 바 있다. 이 절에서는 수치적 계산으로 풀이를 제시하는 것이 목표이다.

R 코딩: $n = 10$, $\theta = 0, 1\,(0.05)$에서 평균제곱오차 MSE의 계산 $(\alpha = 0.2)$;
몬테칼로 반복수 $N = 10000$.

```
# example 7. binomial parameter
estimate <- function(alpha, x) alpha*0.25 + (1-alpha)*mean(x)
alpha <- 0.2
n <- 10
theta <- seq(0,1,0.05)
m <- length(theta)
mse <- vector(length=m)
N <- 10000
for (j in 1:m) {
  theta.1 <- theta[j]
  E <- vector(length=N)
  for (iter in 1:N) {
    x <- rbinom(1, size=n, prob=theta.1)
    E[iter] <- estimate(alpha, x/n)
  }
  mse[j] <- mean((E-theta.1)^2)
}
plot(mse ~ theta, ylim=c(0,0.04), type="l", col="red",
    main="MSE for Binomial Parameter")
```

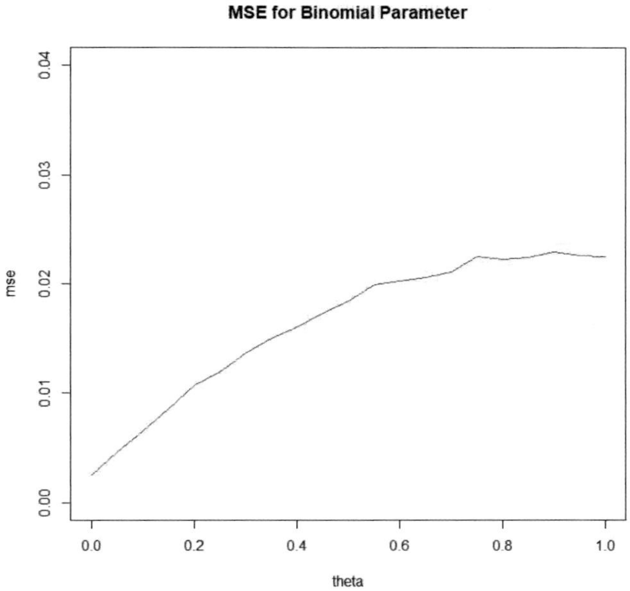

최대가능도 추정은 $\alpha = 0$인 경우이다. 따라서 앞의 R 스크립트의 "alpha <- 0.2"를 수정하여 실행하면 된다. 한 그래프에 겹쳐 출력하기 위하여 앞의 R 스크립트의 plot() 문을 다음으로 대치한다.

```
par(new=TRUE)
plot(mse ~ theta, ylim=c(0,0.04), type="l",  lty="dotted", col="blue",
main="")
legend("topright",legend=c("alpha=0","alpha=0.2"),lty=c("dotted","solid"),
   col=c("blue","red"))
```

최종 출력은 다음과 같다. 8장의 <그림 3>과 사실상 같다.

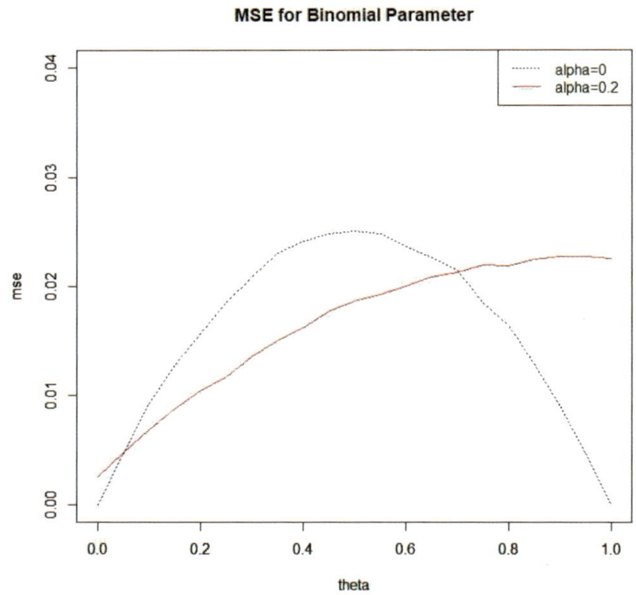

7. 골턴(Galton)의 회귀 문제

Francis Galton (1822-1911)은 생물학의 계량화에 있어 효시이다. 그는 집단유전학(population genetics)에서 부모 세대의 우수성이 자식 세대에서는 편차가 축소되는 **중심으로의 회귀**(回歸, regression to the center) 현상을 발견하였다. 그의 데이터는 934명의 8개 변수로 구성되어 있다. R에서

```
> library(HistData)
> data(GaltonFamilies)
> dim(GaltonFamilies)
[1] 934   8
> colnames(GaltonFamilies)
[1] "family"          "father"          "mother"          "midparentHeight"
[5] "children"        "childNum"        "gender"          "childHeight"
```

`midparentHeight`는 아버지 키 `father`와 '어머니 키 `mother`'의 1.08배의 평균이다. 다음은 자녀의 키 `childHeight`와 부모의 중간 키 `midparentHeight` 간 산점도이

다. 자녀의 성별을 컬러로 구분하였다. 성별로 childHeight가 midparentHeight의 영향을 받는 것이 명확히 드러난다.

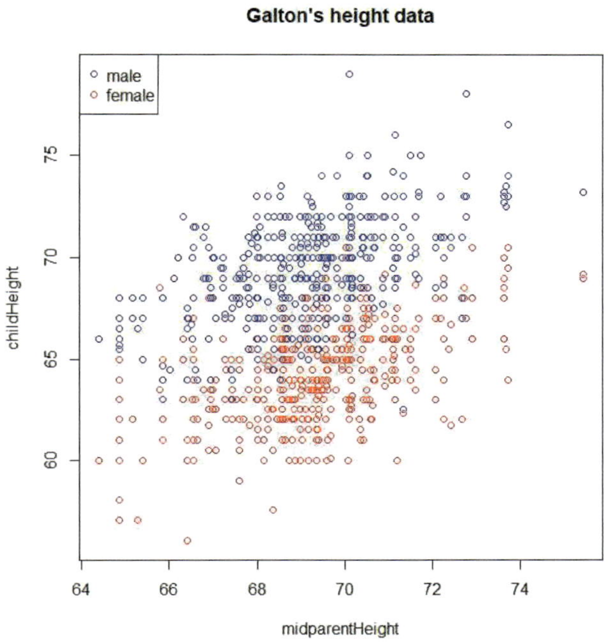


```
> plot(childHeight ~ midparentHeight, col=c("red","blue")[gender],
    data=GaltonFamilies)
>  legend("topleft",legend=c("male","female"),pch=21,col=c("blue","red"))
```

아들과 딸은 구분하여 자녀 키 childHeight와 부모 키 midparentHeight 간 관계를 보자. 다음은 아들 부분이다.

회귀모형: childHeight ~ midparentHeight

```
> Galton.male <- subset(GaltonFamilies, gender=="male")
> str(Galton.male)
> reg.model.male <- lm(childHeight ~ midparentHeight, data=Galton.male)
> summary(reg.model.male)
```

Coefficients:

```
                Estimate Std. Error t value Pr(>|t|)
(Intercept)     19.91346    4.08943   4.869 1.52e-06 ***
midparentHeight  0.71327    0.05912  12.064  < 2e-16 ***
---
Residual standard error: 2.3 on 479 degrees of freedom
Multiple R-squared:  0.2331,    Adjusted R-squared:  0.2314
F-statistic: 145.6 on 1 and 479 DF,  p-value: < 2.2e-16
```

```
> plot(childHeight ~ midparentHeight,  xlim=c(60,80), ylim=c(60,80),
      main="Galton male", data=Galton.male)
> abline(reg.model.male$coef)
> m <- with(Galton.male, c(mean(midparentHeight),mean(childHeight)))
> abline(c(m[2]-m[1],1), lty="dotted", col="blue")
```

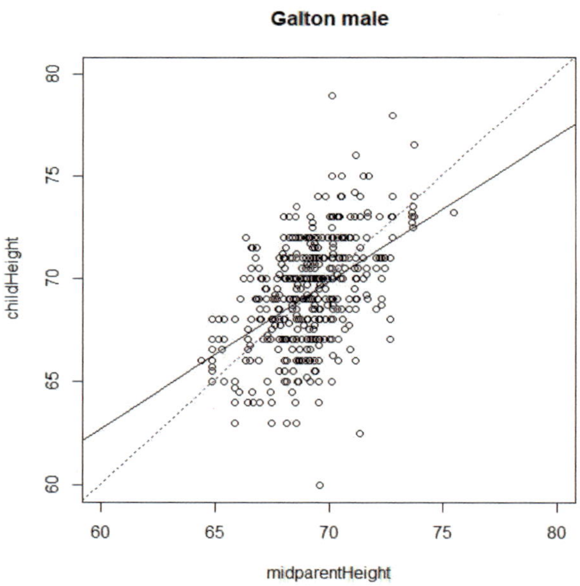

모형 출력에서 골턴이 주목한 것은 midparentHeight의 계수 0.71 $(=\hat{\beta}_1)$이다. 분명 이 계수는 1보다 작은데, 이는 부모의 우수성(열등성)이 자녀에 0.71배로 축소되어 이전된다는 것을 의미하였다. 소위 회귀 현상이다. 데이터의 딸 부분에 적용하여도 결과는 거의 같게 나온다.

이제 전체 데이터에 통합적 모형을 적용해보자. childHeight를 gender로 구분하여 midparentHeight에 회귀시켜 보면 다음과 같은 결과가 나온다.

```
> reg.model <- lm(childHeight ~ gender + midparentHeight, data=GaltonFamilies)
> summary(reg.model)

Coefficients:
                Estimate Std. Error t value Pr(>|t|)
(Intercept)     16.51410    2.73392    6.04 2.22e-09 ***
gendermale       5.21511    0.14216   36.69  < 2e-16 ***
midparentHeight  0.68702    0.03944   17.42  < 2e-16 ***
---
Residual standard error: 2.17 on 931 degrees of freedom
Multiple R-squared:  0.6332,	Adjusted R-squared:  0.6324
F-statistic: 803.6 on 2 and 931 DF,  p-value: < 2.2e-16
```

여기서 gendermale은 가변수이다 (실제로 코딩은 필요 없다):

```
gendermale <- ifelse(gender=="male", 1, 0)
```

남녀의 차이가 5.21(인치)인데 남녀 공통으로 부모의 중간 키 midparentHeigh의 영향을 받되 그 크기는 0.69배로 축소됨을 알 수 있다.

다음은 회귀모형 결과를 반영한 childHeight와 midparentHeight 간 산점도이다.

```
> plot(childHeight ~ midparentHeight, col=c("red","blue")[gender],
     main="Galton's height data", data=GaltonFamilies)
> legend("topleft",legend=c("male","female"),pch=21,col=c("blue","red"))
> m <- reg.model$coefficients
> abline(m[1]+m[2],m[3])
> abline(m[1],m[3])
```

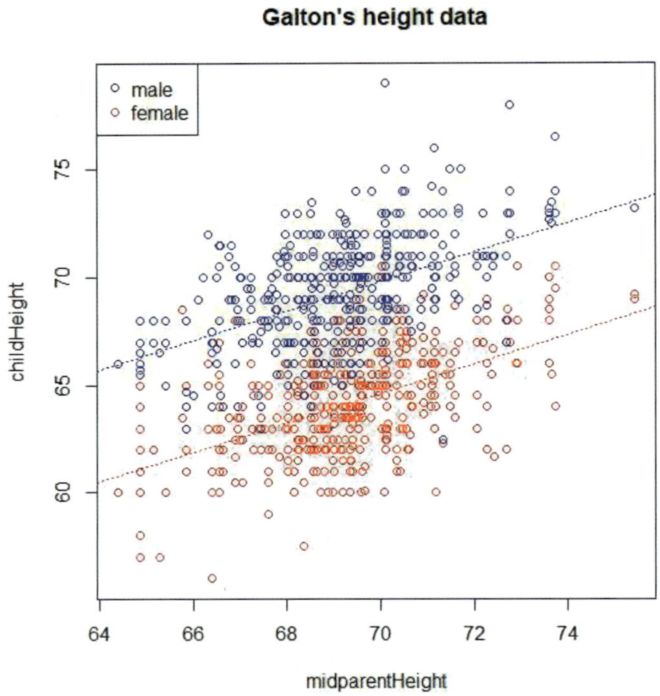
Galton's height data
male
female
childHeight
midparentHeight
60
65
70
75
64
66
68
70
72
74

찾아보기

저자 소개

허명회(許明會)
서울대학교 자연과학대학 계산통계학과 (졸업)
미국 스탠포드 대학교 통계학과 대학원 박사과정 (통계학 Ph.D.)
고려대학교 정경대학 통계학과 조교수, 부교수, 교수
성신여자대학교 교양교육대학 석좌교수
현) 고려대학교 데이터과학원 석좌교수

저서
R을 활용한 사회네트워크분석 입문
법과 통계학
수리통계학 강의
데이터과학 입문과 토픽
데이터과학 입문: R과 Python의 활용
R을 활용한 탐색적 자료분석 제3판
R과 Python을 활용한 통계계산 개정판 외 여러 권

E-mail: stat420@korea.ac.kr

R과 Python의 활용
데이터과학을 위한 확률 · 통계

저 자 허명회
발 행 인 김지영
발 행 처 자유아카데미
주 소 경기도 파주시 회동길 37-42
파주출판도시
전 화 031-955-1321
팩 스 031-955-1322
홈페이지 www.freeaca.com
전자우편 main@freeaca.com (대표)
editor@freeaca.com (편집)
crm@freeaca.com (영업)
등 록 제406-2003-017호, 1980. 7. 12
제1판1쇄 2024년 8월 20일 발행

ISBN 979-11-5808-630-5 93310